사랑의 돌봄은 기적을 만든다

비전과리더십

사랑의 돌봄은 기적을 만든다

지은이 | 김수지
초판 발행 | 2010. 12. 20
22쇄 발행 | 2025. 9. 1
등록번호 | 제1999-000032호
등록된 곳 | 서울특별시 용산구 서빙고로65길 38
발행처 | 비전과리더십
영업부 | 2078-3352   FAX | 080-749-3705
출판부 | 2078-3331

책값은 뒤표지에 있습니다.
ISBN 978-89-90984-81-4 03810

독자의 의견을 기다립니다.
tpress@duranno.com   www.duranno.com

ⓒ 이 출판물은 저작권법에 의해 보호를 받는 저작물이므로
무단 전재와 무단 복제, 무단 사용을 할 수 없습니다.

비전과리더십은 두란노서원의 일반서 브랜드입니다.

한국의 나이팅게일, 김수지의 돌봄 인생

사랑의 돌봄은 기적을 만든다

김수지 지음

인생을 피어나게 하는 것보다
더 큰 행복은 없다!

비전과리더십

| 추천의 글 |

초등학교 때 간호사가 되는 꿈을 가졌던 '꼬마 간호사' 저자 김수지는 열심히 산 세월과 함께 간호학계의 노벨상이라 불리는 '국제간호대상'과 간호사들의 최고명예인 '플로렌스 나이팅게일' 기장을 받았다. 창조적 학자이며, 교수이며, 서울사이버대학교 총장의 길을 걸어온 그에 대해 무슨 말을 더 할 수 있을까?

김수지 박사와 나는 단발머리 시절에는 한 고등학교에서 자랐고, 이화여대에서는 동료 교수로, 내가 총장 시절에 그는 간호대 학장이었다. 그는 사랑의 은사를 받은 자다. 그의 표현을 빌리면 하나님의 사랑에 접속되어서 끊임없이 사랑을 심고 가꾸고 열매를 거둔다. 믿음, 소망, 사랑 가운데 사랑이 제일이라고 했듯이 김수지 박사는 "최고의 간호는 사랑이다."라고 확실하게 증언한다.

최근에 그는 또 하나의 사랑의 나무를 가꾸고 있다. 노인공동생활 양로시설인 '사랑의 집'을 개원했다. 그 집이 태동하는 과정에 나도 함께한 인연으로 사랑이 넘치는 집이 되기를 기원한다. 타고난 간호사 김수지는 언제 어디서나 도움의 손길, 사랑의 눈빛이 필요하면 달려가는 영원한 현역이다.

● 장상 전 국무총리, 전 이화여대 총장

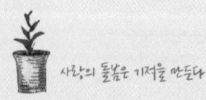

하나님께서 주신 간호사로서의 소명을 위해 평생을 바친 김수지 박사. 이 책은 45여 년 동안 간호의 길을 묵묵히 걸어온 김 총장의 삶을 통해 진정한 간호가 무엇인지, 다른 사람들을 돌보고 봉사하는 삶이 어떤 것인지 도전을 준다. 이웃을 돌보는 일을 하는 간호사, 호스피스 봉사자, 사회복지사, 그 외에도 다른 사람을 돕고 봉사하는 모든 사람들에게 이 책을 권한다.

● 하용조 온누리교회 담임목사

간호에 대한 김수지 총장님의 사그라들지 않는 열정과 환자에 대한 뜨거운 사랑이 감동을 준다. 환자에게 물을 먹일 때도 찬물과 뜨거운 물, 미지근한 물 등 온도를 다르게 맞춰주고 한 모금씩 삼키는 사람과 꿀꺽꿀꺽 마시는 사람을 세심하게 구별하는 환자에 대한 남다르고 세심한 사랑은 '진정한 간호'가 무엇인지 큰 도전을 준다. 안암 말기로 암세포가 뇌까지 번진 시어머니를 극진히 간호한 이야기며 뇌암 말기로 죽기 직전인 호스피스 환자의 마지막 소원인 영화를 보여준 이야기는 우리의 가슴을 먹먹하게 한다. 헌신적인 사랑으로 간호를 디자인하는 김 총장님의 이야기는 이 책을 읽는 우리의 인생에 기적을 꽃피울 것이다.

● 김영애 『갈대상자』 저자

이 책은 김수지 총장의 간호 인생을 생생하고 현장감 있게 담고 있다. 김수지 총장은 '백의의 천사' 플로렌스 나이팅게일과 비슷한 면이 많다. 나이팅게일은 전쟁터에서 부상병을 헌신적으로 돌본 동시에 야전병원, 군대보건행정을 정비한 탁월한 개혁가였다. 김수지 총장은 병실 뿐 아니라 비행기와 같은 장소에서도 응급상황이 발생하면 헌신적으로 환자를 돌보는 간호인으로 유명하다. 뿐만 아니라 이화여대 간호학과 교수 재직 시 정신보건간호사 과정을 개설하며 장래 지역사회 정신건강 사업에 종사할 인력을 양성한 탁월한 안목이 있었다. 자타가 공인하는 '네트워크의 달인'으로 서울사이버대학 총장으로 스카우트되어 역임하기도 했다. 간호인의 자긍심을 높여주고 정신사회재활

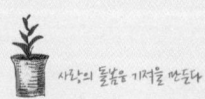

센터, 노인요양시설을 개원하는 등 한국 간호 시설에 이바지한 '한국의 나이팅게일 김수지 총장'을 칭송하고 싶다.

● 양병무 재능교육 대표이사, 『좋아하는 일 하면서 먹고 살기』 저자

조그마한 어린 소녀가 어떻게 그 어려운 난관 속에서도 굴하지 않고 이렇듯 명랑하고 열정적으로 간호사의 꿈을 이루며 살아올 수 있었을까. 책의 이야기 전체가 하나의 감동적인 드라마다. 하나님과 동행하는 삶이 어떤 것인지 선생님의 인생궤적을 따라가며 읽다보면 저절로 탄성이 나온다. 멀리서 뵈면 뛰어가서 만나고 싶은 따뜻한 선생님이지만 무수히 많은 아이디어들은 제자들이 미처 따라가지 못해서 늘 헉헉대는 완벽한 선생님이다. 무서운 집중력과 정확성으로 일을 추진하시는 분. 정신장애우를 지극히 사랑하시며 언제나 손님초대를 즐겨 하시며 즉석 요리도 잘 하신다. 연말에는 통장을 제로(0)로 만들며 나눔이 생활 자체가 되어 버린 분. 삶 자체가 구원의 연속인 나이팅게일 김수지 교수님의 기적같은 비밀이 이 책 안에 고스란히 녹아있다.

● 이광자 전 한국간호과학회장, 이화여대 간호과학대학 교수

Contents...

추천의 글 4

프롤로그 사람을 돌보는 일보다 더 큰 행복은 없다 12

Chapter 1...
7살 적 꿈을 이룬 간호사

선생님은 왜 병원에서만 환자를 봅니까? • 18
문을 박차고 들어왔던 환자 | 제 친구 데려와도 될까요? | 10가지 돌봄 행위의 치유 효과 | 기적같이 만들어진 30만 불 | 원더풀! 수지 킴 프로젝트

초등학교 1학년 때 잉태된 간호사의 꿈 • 52
코를 닦아주던 교회의 여선생님 | 영웅 같았던 간호사 아줌마 | 초등학생 꼬마 간호사 | 하루 28시간을 사는 열정 여학생 | 너처럼 고집 센 애는 처음 봤어! | 미국에서 날아온 기적의 100불

너무나 재미있는 간호학 공부 • 72

19살 여대생이 아저씨들에게 성교육을 | 수지맞는 김수지 | 나이팅게일 선서,
내 평생 잊지 못하는 날 | 병실에만 들어가면 물 만난 고기

미국 유학생, 고졸 남편과 결혼하다 • 82

매일 주고받은 2,400여통의 연애편지 | 유학을 포기하고 남편을 택하다 |
우리 사랑해서 결혼한 거 맞나? | 결혼 2년 만에 이혼을 통보하다 |
친정에 잘했던 남편 | 아이들에게 용서를 구한 아빠

Chapter 2...
간호는 인생을 피어나게 한다

한국 최초의 간호학 박사 • 106

집에만 있다가는 평생 불행할 사람 | 간호조무사로 두 번째 시작한 미국 생활 |
진정으로 환자를 사랑했던 닥터 존슨 | 간호학의 명문, 보스턴 대학에 입학 |
후배와 함께 박사과정 | 한국 간호학 박사 1호 탄생

시어머니를 살린 사랑의 간호 • 125

엄마를 살려달라고 매달리던 소녀 | 간호사가 된 그 소녀 | 며느리가 잘못 들어
와서 시어머니가 죽게 생겼대요 | 어머니, 이걸 드셔야 기운이 나서 사십니다 |
"어머니는 대단하신 분이세요!" | 건강하게 18년을 더 사신 어머니

36.5도 사랑, 간호 • 139

간호는 전인적 돌봄이다 | 간호사의 몸이 돌봄의 도구 | 관계의 맛을
체험하는 간호 | 좋은 간호의 3가지 조건 | 사람이 있는 곳은 어디나 간호 현장 |
훌륭한 선생님 밑에서 좋은 배움을! | 내 생애의 큰 축복, 이호영 교수님 |
수지 킴 프로젝트의 아이디어도!

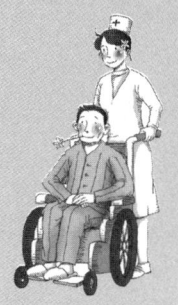

Chapter 3...
웰빙, 웰에이징, 웰다잉

죽는 순간까지 사랑받고 싶다 • 172

처음으로 접한 호스피스 | "교수님은 이제 첼로를 할 수 없습니다" | 지가 뭔데! | "다잉 영"을 보고 싶어요! | "죽을 사람이 뭔 영화, 당신들도 미쳤군!" | 내가 저 입장이라면 뭘 하고 싶을까? | 호스피스팀에 자동차를 주신 할머니 | 호스피스, 갓난아이를 돌보는 엄마의 마음으로 | 평안한 죽음, 인생의 마무리 준비

잘 살아야 잘 죽는다 • 196

죽음, 입시 준비하듯 준비해야 | 퇴직 후 공동체 생활을 꿈꾸다 | 사회복지학 공부를 위해 사이버대학에 등록하다 | 마침내 요양시설 '사랑의 집'을 개원하다 | 할머니를 찾아온 아이들, 뜰도 쓸고 풀도 뽑고 | 100불과 미리 받은 2년치 월급이 준 교훈 | 절약한 것만큼 나누면 된다 | 아름답게 나이 들어가기 위해 필요한 것들 | '웰 에이징'의 비법

에필로그 나는 다시 태어나도 간호사가 될 것이다 220

프.롤.로.그

사람을 돌보는 일보다 더 큰 행복은 없다

일곱 살 때 가졌던 꿈, 간호사가 되는 것. 그로부터 60여 년이 지난 오늘, 나는 간호사로서의 내 삶을 마치 목탄으로 스케치 하듯이 훑어보는 시간을 가졌다. 그리고 제일 먼저 간호사의 꿈을 이룬 나 자신과 오늘의 내가 있도록 나를 도와주고 이끌어주신 모든 분들(부모님, 좋은 남편, 자랑스러운 자녀들, 훌륭한 스승님들과 친구들) 그리고 이 모든 것을 가능하도록 섭리하신 하나님께 감사를 드린다.

생각해 보면 간호학을 공부하면서 일상생활에서 깨끗한 물, 맑은 공기, 적당한 빛과 따뜻한 실내온도, 영양가 높은 식사, 청결한 개인위생, 안락한 휴식 공간, 그리고 믿음, 희망, 사랑 체험 등이 얼마나 소중한 건강 재원(財源)인지를 새삼 크게 깨닫고 실천할 수 있었다.

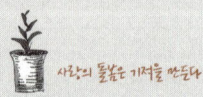

또한 오늘의 나됨은 다섯 살 때 만났던 시골교회의 여선생님과 총상 입은 청년을 밤새 간호하여 살려 낸 간호사 아줌마를 비롯하여, 영어를 잘 할 수 있도록 격려해 주셨던 선생님과 간호사로서 훈련시켜주신 여러 교수님들, 그리고 인생살이의 고비 고비에서 기쁨과 슬픔을 함께 나누며 같이 일해 왔던 동료들과 나를 믿고 자신의 삶을 의탁했던 수많은 환자들의 신뢰 덕분이었음을 고백하지 않을 수 없다.

특별히 금년은 현대간호의 효시인 플로렌스 나이팅게일 서거 100주년 되는 뜻 깊은 해이다. 간호사는 사람의 생명을 다루는 소중한 일을 하는 귀한 직분이다. 생사가 엇갈리는 고통과 위기의 순간에 불안과 두려움, 그리고 고통과 아픔으로 힘들어하는 환자들에게 희망과 회복의 불씨를 지피는 사랑의 돌봄은 위대한 기적을 낳게 마련이다. 그러기에 간호사는 기적을 만드는 백의의 천사들이라고 말하고 싶다.

나는 한 평생을 오직 '간호의 길'을 향해서만 달려왔다. 한때 정부로부터 입각 제의도 받은 적이 있었지만 나는 정중히 사양했다. 왜냐하면 본질적으로 나의 정체성은 간호사이기 때문이다. 나는 간호사라는 직업에 대단한 자부심을 갖고 있고 병든 사람을 돌보는 간호 일을 너무도 사랑한다.

그런 의미에선 나는 행복한 사람이다. 내가 좋아하는 일을 평생토록 해 왔고, 사랑의 돌봄을 통해 수많은 사람들과 관계의 맛을 체험했으며, 특히 사랑의 돌봄을 통해 수많은 기적들을 목격하는 증인으로서의 특권도 누렸기 때문이다.

따라서 내 인생의 보람과 기쁨이 씨줄이 되고, 누군가에 대한 감사와 감동이 날줄이 되어 여백을 채운 이 책은 나이팅게일 후예의 한 사람으로 살아온 부족한 제 삶의 발자취이자 간호의 손길을 통해 죽어가는 인생들을 피어나게 했던 행복한 체험들을 정리한 것이다. 그리고 이런 분들과 나누고 싶어서 쓴 것이다.

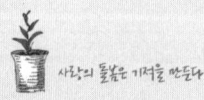

- 간호학을 재미있게 공부하고 싶은 학생들
- 자신의 환자를 잘 돌보기를 원하는 간호사들
- 장래 어떤 사람이 되어야 할지 결정하길 원하는 초·중·고등학생들
- 인생에서 특별한 의미와 보람을 맛보거나 느끼며 살고 싶은 사람들
- 사랑하는 자녀들에게 일찍이 꿈을 심어주고 싶은 부모님들
- 더 풍성한 친밀감(연애)을 맛보며 살기 원하는 남편과 아내들
- 정년퇴직을 앞두고 잘 늙어가기를 원하는 직업인과 은퇴자 분들
- 가족과 사회, 나라, 인류를 위해 위대한 일을 해보고자 궁리하고 있는 사람들
- 학생의 잠재력을 키워주고 싶어 고민하는 교사나 교수들

이 글을 읽는 동안 살아있는 것에 대한 기쁨과 감사를 체험하며 그러한 삶을 가능케 하는 돌봄 활동들을 실제 자신의 삶에 적용해 보는 작은 움직임들이 생겨나길 기대한다.

如鄉 김수지 아룀

Chapter 1...
7살 적 꿈을 이룬 간호사

'아, 결국 이렇게 나의 꿈이 이루어지는구나….'
처음 간호사가 되겠다고 꿈을 가진 순간부터 이 자리에 서기까지의
수많은 간호 현장들이 한꺼번에 떠올랐다. 힘들었지만 보람된
긴 세월의 과정들이 주마등처럼 스쳐 갔다.

선생님은 왜 병원에서만 환자를 봅니까?

문을 박차고 들어왔던 환자

2001년 4월 안식년으로 호놀룰루에 머물고 있던 어느 날, 유엔 국제개발기구 UNDP*의 한국주재 대표였던 미스터 라로부터 전화가 왔다. 그는 대뜸 "김수지 교수님, 축하합니다!"라며 내가 국제간호대상을 받게 되었다는 소식을 전해 주었다.

"아니, 내가 국제간호대상을!"

순간 나는 귀를 의심했다.

---

* 유엔 전체의 개발 원조계획을 조정하기 위한 기관이다.

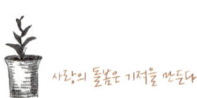

'내가 그런 영예로운 상을 받게 되다니….'

'국제간호대상International Achievement Award'은 국제나이팅게일재단에서 주는 간호계의 노벨상으로 가장 영예로운 상이다. 국제간호협의회ICN 창설 100주년인 1999년에 제정된 이 상은 플로렌스 나이팅게일의 업적을 기념하여 전 세계 123개 회원국 간호협회에서 추천된 후보자들 가운데 가장 공헌이 큰 한 사람을 선정하여 시상한다. 1회 수상자는 보험 제도를 개혁한 캐나다 보건복지부 장관을 지낸 분이었고 내가 두 번째 수상자가 되었다. 정신질환자를 간호하면서 개발하게 된 '대인적 돌봄Interpersonal Caring(나중에 '사람 돌봄'으로 바꿈) 이론'이 UNDP 프로젝트를 통해 세계에 널리 알려지면서 이 상을 수상하게 된 것이다.

사실 환자 중에서도 치료가 오래 걸리고 가장 힘든 이들이 정신과 환자들이다. 정신질환은 치료를 해도 1~2년 만에 회복되지 않는다. 게다가 정신병원이나 요양원을 돌며 장기간 입원하다가 오랜만에 퇴원을 하고 나오면 일상생활조차 스스로 하지 못하는 사람들이 많다.

'어떻게 이들을 도와줄 수 있을까?'

이것이 당시 늘 내가 고민하고 있던 문제였다. 결국 이 고민이 국제간호대상을 수상하게 한 '사람 돌봄' 이론을 개발하게 된 계기가 되었다.

시상식은 덴마크의 코펜하겐에서 열렸다. 당시 123개국의 대표 간호사들이 모두 한자리에 모였다. 나는 한복을 입고 시상식에 참석했다. 흥분되고 떨리는 마음으로 20분간의 수상소감을 말하는 연설을 위해 시상대에 오르자 애국가가 흘러나왔다. 마치 올림픽 금메달리스트로 시상대에 선 기분이었다. 애국가가 울려 퍼지는 동안 내가 나라를 빛냈다는 강한 감동이 일었다. 나는 그때까지 '간호는 사람을 돌보는 것이다'라고 생각했지, 간호를 통해 우리나라를 빛낼 수 있다는 생각은 하지 못했었다.

'아, 결국 이렇게 나의 꿈이 이루어지는구나…'

처음 간호사가 되겠다고 꿈을 가진 순간부터 이 자리에 서기까지의 수많은 간호현장들이 한꺼번에 떠올랐다. 특히 이 이론을 개발하기까지의 힘들었지만 보람된 긴 세월의 과정들이 주마등처럼 스쳐갔다.

1982년 8월 무더운 여름날 오후였다. 연구실에서 퇴근 준비를 하고 있는데 바깥이 몹시 소란스러웠다.

"안 됩니다."

"왜요?"

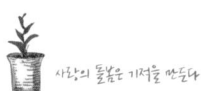

문밖에서 사람들이 서로 실랑이를 하며 밀치고 저지하는 소리가 났다. 이어 다급하게 뛰는 발자국 소리와 함께 한 남자가 내 연구실 문을 박차고 들어왔다. 한여름이었는데 겨울 점퍼를 입고 머리는 헝클어진 채 온몸이 땀에 젖어 있었다.

그는 병원에 입원해 있던 정신분열증 환자 중의 한 사람이었다.

"좀 앉으세요."

절로 얼굴이 찡그려질 정도로 지독한 땀 냄새가 코를 푹푹 찔러댔다. 나는 자리에서 일어나 차가운 물을 가져와서 그에게 마시라고 주었다. 그는 단숨에 물 두 잔을 꿀꺽꿀꺽 마시더니 "휴우!" 하고 한숨을 길게 내쉬었다.

"어떻게 여기까지 오셨습니까?"

"선생님, 우리가 퇴원한 후 사회에서 얼마나 살기 힘든지 아십니까?"

그는 따지듯이 내게 큰소리로 말하기 시작했다.

"길을 가면 사람들이 손가락질해대고, 갈 곳은 없고, 직장도 못 나오게 하고, 집에서는 쉬쉬하고, 부모님은 싸우고…. 이게 결국 우리더러 죽으라는 얘기가 아닙니까?"

나는 그의 이야기를 잠잠히 듣고만 있었다.

"선생님은 왜 병원에서만 환자를 봅니까? 길거리에 나가면 나 같은 미친 사람이 많은데 왜 병원에 오는 사람만 보냐구요? 병원

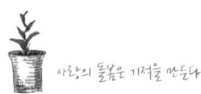

에도 못 가는 돈 없는 사람은 어떻게 하란 말입니까?"

건강보험이 없던 시절, 입원치료를 받던 정신과 환자가 일단 퇴원을 하면 추후관리 제도가 없어 길거리를 배회하는 정신질환자를 쉽게 볼 수 있던 당시 상황에서 내가 미처 깨닫지 못했던 부분이었다.

"듣고 보니 당신 말이 맞습니다. 그러나 저도 어떻게 도와드려야 할지 잘 모르겠습니다."

그러자 그가 대뜸 제안을 했다.

"제가 토요일마다 와도 됩니까?"

매주 토요일에 나와 만나 이야기를 하고 싶다는 뜻이었다.

"네, 좋아요. 대신 조건이 있습니다. 매주 토요일 3시에 오세요. 그리고 시간은 꼭 지켜야 합니다. 또 내가 내주는 숙제도 반드시 해야 하고요. 숙제 할 자신이 있습니까?"

나는 그와 12주간의 상담계약을 하고는 '약을 꼭 먹어야 한다'는 사실을 강조하였다.

"네. 선생님, 반드시 지키겠습니다. 약속합니다."

"제가 보장합니다. 당신이 약만 꾸준히 먹고 나와 계속 이렇게 만나 대화를 하면 그 기간 동안 재입원은 안 해도 될 것입니다."

이렇게 꼬박꼬박 약을 먹는 조건으로 상담이 시작되었다.

그는 3개월 동안 매 토요일 정각 3시면 내 연구실에 나타났다. 그리고 내가 내주는 숙제를 꼭꼭 잘해왔다. 먼저 생활에 관한 것부터 훈련하기 시작했다. 12년간이나 병원을 들락날락거리며 살았기 때문에 생활훈련이 전혀 되어 있지 않았다. 정신병원에 오래 있다 보면 일어나라, 식사해라, 씻어라, 산책하라 등 시키는 대로 생활하느라 수동적인 사람이 되기 십상이다. 스스로 알아서 주도적으로 생활할 능력이 없어지는 것이다. 그래서 첫 주에 내가 내준 숙제는 다음과 같았다.

'아침 6시에 무조건 일어난다.'

'자기 이불은 자기가 갠다.'

'엄마가 하라고 말하기 전에 먼저 세수하고 머리 빗고 용모를 단정히 한다.'

첫날 숙제는 이런 훈련을 매일 하고 그 결과를 체크해오도록 하는 것이었다. 그러자 숙제를 너무 잘해왔다. 다음에는 언어훈련을 시켰다.

"안녕히 주무셨어요?" "미안합니다." "안녕하십니까?" "감사합니다." "사랑합니다." "노력해보겠습니다." 이런 말을 하루에도 몇 번씩 하도록 훈련을 시켰다. 만성정신질환자들은 일상적인 인사나 고맙다는 말을 잘 못하기 때문이다.

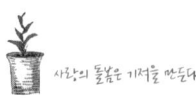

상담을 시작한 지 4주째가 되어갈 무렵 그의 어머니라는 분에게서 전화가 왔다.

"김수지 선생님입니까?"

어머니는 울먹이면서 말을 했다.

"세상에, 우리 아들이 오늘 아침 밥상에 앉아 내게 처음으로 '밥 해주셔서 고맙습니다'라고 했어요. 제가 목이 메어 밥을 먹지 못했어요. 흑흑."

매일 "왜 나를 낳았어? 엄마 때문에 내가 이렇게 됐다고!" 하며 엄마를 비난하고 화내던 아들이었는데 이렇게 달라졌다는 것이다. 나는 어머니에게 아들이 고맙다고 하면 "네가 그런 말을 하니 엄마가 너무 기쁘다"라고 격려하면 더 좋아질 것이라고 했다. 환자 혼자 노력할 때와 가족이 함께 노력할 때의 치료 효과가 확연히 다르기 때문이다.

제 친구 데려와도 될까요?

12주가 끝나는 날 그 환자는 콧노래를 부르면서 내 연구실에 들어왔다.

"선생님, 저 이제 더 이상 안 와도 되지요?"

나는 "지금처럼 규칙적인 생활을 하면서, 이제는 공부를 좀 해 보는 게 어떻겠느냐?"며 우선 읽고 싶은 책을 읽어보라고 권했다.

"삼국지를 읽고 싶어요."

"그건 너무 복잡한데…. 재미있는 만화책부터 읽는 게 어떨까요?"

"네, 알겠습니다."

그런데 인사를 하고 나가다 말고 돌아서더니 갑자기 물었다.

"선생님, 제 친구를 데려와도 될까요?"

"네, 데려오세요."

바로 그 다음 주 토요일 그는 두 사람을 데리고 나타났다.

"선생님, 이 친구는 청량리 정신병원에서 만난 친구고요, 이 사람은 양산병원에서 만난 친구예요."

세 사람으로 집단 상담을 시작했다. 그러자 다음 주에는 그들이 또 세 사람을 더 데려오고, 매주마다 사람이 늘어나 모두 13명이 되었다. 그런데 이들 13명이 만난 곳이 모두 달랐다. 이들 대부분이 전국적으로 거치지 않은 병원이 없었다. 처음에는 대학병원에 입원했다가 다음에는 개인병원, 의원, 국립병원, 시립병원, 요양병원, 기도원까지. 그렇게 돌아다니면서 만난 친구들이었다. 이렇게 해서 모인 이 환자들이 '사람 돌봄' 이론을 개발하게 해준 토대가 되었다.

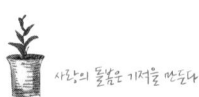

정신질환자들을 집단 상담할 때는 첫 번째로 말할 사람을 잘 선정해야 한다. 어떤 사람을 제일 먼저 시키느냐에 따라 그날의 분위기가 달라지기 때문이다. 첫 번째 사람이 기분좋게 잘 시작하면 그날 다른 사람들도 모두 좋은 분위기 속에서 잘 진행된다.

"오늘은 우리가 어렸을 적에 가졌던 꿈에 대해서 이야기해보도록 합시다."

이러한 주제로 집단 상담을 진행했을 때, 만일 첫 번째로 지적받은 환자가 "꿈 같은 것, 없었어요!"라고 말할 경우, 그 다음 환자는 "저도 없어요!" 다음 환자 역시 "없어요"로 계속 이어지게 마련이다.

이러한 식으로 한 사람씩 돌아가면서 주어진 주제에 대한 자신의 이야기를 하는 것 자체가 많은 변화를 가져오긴 했지만 큰 발전은 없었다. 그때 마침 나는 UCSF University of California in San Francisco 대학의 스트라우스 교수가 쓴 책 『근거이론 The Grounded Theory』을 우리말로 번역하고 있던 중이었다. 이 책은 유사한 경험을 한 사람들의 공통점을 찾아 체계화시켜 이론을 개발하는 독특한 연구방법에 대해 자세히 설명하고 있었다. 나는 이 이론을 토대로 환자들이 정신질환 진단을 받은 이후 오랜 기간 동안(13명의 평균 발병기간은 14.9년이었다) 어떻게 살아왔는지 구체적으로 연구해 봐야겠다는 생각이 들었다. 그들의 생생한 삶의 경험을 연구해야 할 필요성을 절감했기 때문이다. 이런 나의 생각을 밝히자 그들 중 9명이 동의를 해주었다.

9명이 한 사람씩 돌아가면서 자신의 경험을 나누었다.
"자살도 시도하고, 때로는 난동도 부리고, 아무 데나 한없이 쏘다니기도 했어요. 그런데 어떤 사람을 만났고, 그 사람이 나를 이렇게 돌봐주었어요. 그때부터 제 마음이 바뀌었어요."
"그분이 어떻게 돌봐주었나요?"
한 환자는 간호사가 자신을 돌봐준 이야기를 해주었다.
"청량리 정신병원에서 퇴원시켜달라고 난동을 좀 부렸더니 나를 독방에 가두었어요. 퇴원시켜줄 때까지 그럴 심산으로 먹지 않고 소리 지르고…."
3일 동안 굶었더니 배가 고프고 지치더라고 했다. 그런데 3일째 밤에 야간 당직 간호사가 들어와서 자기를 달래더라는 것이다.
"먹기 싫어도 먹어야 해요. 먹지 않으면 퇴원도 할 수 없어요."
간호사는 음식을 거부하는 그에게 먹어야 한다고 알아듣게 설명을 하더니 미음을 끓여 가져왔다. 그리고 "숟가락 들 힘도 없지요?" 하면서 입으로 '후' 하고 불어서 그의 입에 떠 넣어주었다. 그 순간 그는 문득 어렸을 적에 아파 누워 있을 때 엄마가 죽을 끓여

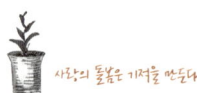

먹여주던 생각이 나면서 가슴이 찡해졌다. 그래서 간호사가 주는 것을 다 받아먹었다고 한다.

'다른 사람이 나를 이렇게 돌봐주는데 정작 나는 왜 나를 돌보지 않는가?'

그는 다른 사람이 자신을 돌봐준 이 경험을 통해 마음을 고쳐먹었다고 했다. 다른 환자들의 얘기도 이와 유사했다. 놀라운 사실은 이 환자들 대부분이 자살을 시도했었지만 누군가로부터 친절한 돌봄을 받았을 때 마음을 고쳐먹었다는 것이다.

"정신질환이라는 진단을 받은 이후부터 지금까지 누군가로부터 돌봄을 받은 에피소드나 사례에 대한 이야기를 나누어봅시다." 이것이 두 번째 연구 주제였다.

이번에는 13명 환자가 모두 참여했다. 이들의 에피소드를 녹취한 경험으로부터 모두 198가지의 구체적인 돌봄 행위가 규명되었다. 다시 유사한 정신질환자를 대상으로 서너 차례 반복연구를 했는데 역시 같은 내용들이 여기에 모두 포함되어 있었다. 또다시 이 내용들을 가지고 고급통계 principal component analysis를 사용하여 분석했더니 10개의 독립된 주제들이 나타났다. 이 돌봄 행위들이 곧 알아봐 줌, 동참함, 나눔, 경청함, 칭찬함, 동행함, 희망 불어넣어 줌, 안위해줌, 용서해줌, 수용함 등이었다. 사랑을 기본으로 하는 이 돌봄 행위를 적용하면서 다른 정신질환자들에게도 도움이 되겠다는 생각이 들었다. 그래서 환자들과 개별적으로 또는 집단적으로 이 10가지 돌봄 행위를 적용하면서 구체적으로 어떤 영향을 미치는지 테스트하기 시작했다.

10가지 돌봄 행위의 치유 효과

많은 환자들에게 이 10가지 돌봄 행위를 적용하고 테스트하면서 '사람 돌봄' 이론이 완성되어갔다. 이 이론의 핵심 개념을 간단하게 설명하면 다음과 같다.

첫째는 '알아봐 줌'이다.

이는 관심을 가지고 가까이 접근해서 친절하게 상대방의 존재와 원하는 것 등을 인정해주는 행위이다. 상대방의 특성, 직위, 위치를 인정해 주고 알아봐 줄 때 상대방은 자존감이 올라가고 '기분이 좋다.', '감사하다.', '나는 중요한 사람이다.'라는 느낌을 갖게 된다. 환자를 귀하고 소중한 사람으로 알아봐 주는 것은 대단히 중요한 돌봄활동이다.

둘째는 '동참함'이다.

동참한다는 것은 상대방과 함께 공동의 목표를 이루어나가는 행위를 뜻한다. 수술 환자는 일찍 일어나야 조기회복이 되는데 혼자 일어날 수 없다. 옆에서 환자를 도와 일으켜 같이 걸어주고 도와주어야 가스도 나오고 빨리 일어날 수 있다. 이렇게 함께할 때 환자는 용기가 생기고 소외감을 느끼지 않게 된다.

셋째는 '나눔'이다.

나눔이란 느낌이나 접촉, 생각과 경험, 꿈과 계획 등 자신의 소중한 것을 상대방과 함께 공유하는 행위이다. 이렇게 나눌 때 환자는 자신의 고민 등을 털어놓고 솔직하게 이야기할 수 있게 되어 "마음이 편안해진다."거나 "새로운 마음이 든다."고 표현한다. 삶에 대한 의욕이나 꿈이 없는 환자를 돌보는 사람이 가졌던 꿈이나 이 꿈을 어떻게 이루었는지 나누는 것은 대단히 좋은 돌봄 활동이다.

넷째는 '경청함'이다.

이는 적극적 경청으로서 온 마음과 몸으로 정성을 다해 진심으로 상대방의 말에 집중하여 귀를 기울이는 행위이다. 단지 피상적으로 귀로만 듣는 것이 아니라 진지한 태도와 자세로 말의 의미까지 파악하려고 귀를 기울이는 것을 말한다. 간호사가 경청해줄 때 환자는 "나 자신이 중요한 사람처럼 느껴진다.", "잘 들어주니 고맙다."라고 표현한다.

다섯째는 '동행함'이다.

동행함이란 같은 방향으로 함께 살아가는 행위로서 곁에서 시간을 함께 보내며 말벗이 되어주는 것이다. 동행해 줄 때 환자는 '외롭지 않고 불안하지 않다.', '나를 지켜봐 주니 흔들리지 않는다.'는 생각과 더불어 상대방이 자신과 함께해 줄 것이라는 믿음이 생긴다고 말한다.

여섯째는 '칭찬함'이다.

칭찬함은 상대방의 장점과 잘한 것을 찾아내어 인정해주거나 확인시켜 주고 '감사하다'는 표현을 해줌으로써 상대방을 치켜세워주는 행위이다. 칭찬하고 알아봐 주면 자신에 대해 부정적인 사람도 생각이 변하게 된다. "내 자신이 대견하게 느껴지고 더 잘하고 싶다.", "살맛이 난다.", "나를 칭찬해주는 상대방을 나도 칭찬해주고 싶다."고 표현한다.

일곱째는 '안위해줌'이다.

이는 상대방의 마음을 공감해주며 그의 슬픔이나 아픔을 이해하고 위로해주는 행위이다. 상대방에게 상처를 준 제3자를 변명해주지 않고 무조건 상대방의 편을 들어주는 것이며, "얼마나 힘이 드느냐", "얼마나 속상하겠느냐"고 말해주고 따뜻하고 부드럽게 위로해주는 것이다. 안위해줄 때 그 당사자는 "나를 믿어주니 큰 위로가 된다.", "막혔던 마음이 풀리고 염려가 없어진다."고 말한다.

여덟째는 '희망 불어넣음'이다.

이는 상대방에게 에너지 또는 힘의 원천이 될 수 있는 것들을 정성을 다해 힘껏 불어넣어 주는 행위를 일컫는다. 필요시 언제든지 가까이에서 힘이 되어줄 것을 확인해주고, 성공적인 실제 사례들을 알려주는 것이다. 환자가 희망을 갖게 되면 아무리 어려운 일도 헤쳐나갈 수 있는 새로운 힘이 생겨난다. "문제로 인해 막혀 있던 감각들이 터지고, 숨통이 트이는 것 같아요.", "새로운 가능성이 보이고 살아날 것 같아요.", "무엇인가 할 수 있다는 자신감이 생겨요." 라며 자신의 느낌을 말하곤 한다.

아홉째는 '용서함'이다.

용서함은 먼저 자신의 잘못을 인정하고 "미안합니다."고 표현하며 용서해줄 것을 청하는 행위이다. 설명이나 변명 없이 진지한 마음으로 상대방의 용서를 요청하는 것이다. 진심으로 용서를 구할 때 오히려 상대방 역시 자신을 용서해주기를 요청하는데, 이렇게 되면 양자 사이에 끼어 있던 불순물이 깨끗이 제거되는 듯 모두가 편안해진다. 용서함을 체험한 환자는 "무조건 수용해주니 고맙고 또 한편 나 자신이 부끄럽다.", "용서를 하니 죄책감이 없어지고 마음이 편안해지게 된다."고 말한다.

열 번째는 '수용함'이다.

수용함이란 비판하지 않고 상대방을 있는 그대로 용납하여 받아들이는 행위이다. 상대방을 '좋아한다'는 말과 태도로 대하며, 등을 토닥거려 주거나 포옹해주는 등 신체적인 접촉으로 따뜻하게 대해준다. 이럴 때 상대방은 '나를 받아주니 고맙다.', '불안감이 없어지고 마음이 편안해진다.'는 느낌과 함께 자존감이 올라감을 표현한다.

결국 사랑의 돌봄 행위들은 환자로 하여금 삶의 위기를 극복하게 만드는 생명력 넘치는 에너지를 제공하고 회복에 대한 희망의 불씨를 지피게 함으로써 기적을 낳게 만든다. 이 10가지 돌봄 행위는 나중에 '수지 킴 프로젝트'를 통해 알려지면서 전 세계로 퍼져 나가게 된다.

기적같이 만들어진 30만 불

이렇게 10가지 돌봄 행위로 환자들을 돌보고 있던 1995년이었다. 마침 그해 12월, 우리나라에서는 '지역사회 정신보건법'이 정식으로 통과되었다. 전에는 정신질환자가 병원에 입원해야만 치료를 받을 수 있었다. 그래서 병이 악화되면 입원했다가 좀 나아지면 퇴원하기를 반복하는 환자들이 많았으며 제대로 추후관리를 하지 못했다. 그러나 이 법이 통과되면서부터는 정신질환자가 집에서 살면서 통원치료를 받을 수 있게 되었다.

이 법은 원래 1985년에 처음으로 입안되었지만 그간 번번이 통과되지 못하다가 결국 10년 만인 1995년에 통과되었다. 나는 언젠가 이 법이 통과될 것이라고 믿고서 필요한 준비를 하고 있었다. 이 법이 통과되면 가장 먼저 지역사회 현장에서 정신질환자를 돌보아줄 각종 사회복귀 시설들과 그곳에서 일할 간호사가 필요하다고 생각했기 때문이다.

그래서 1990년부터 이화여자대학교 간호대학에서 1년 과정의

'정신보건간호사 교육 프로그램'을 만들어 동대문병원 간호부(이광자 간호부장)와 연계하여 간호사들을 훈련시키기 시작하였다. 처음 프로그램을 만들 때는 누구보다 학교 측의 반대가 심했다.

"왜 우리 이화여대에서 이런 사람들을 교육시켜야 합니까?"

학교 교무위원회에서 극심하게 반대하며 나를 비난했다. 나는 반대하는 한 사람, 한 사람을 직접 찾아가 설득한 끝에 학교에서 이 프로그램을 시작할 수 있었다.

처음 1기, 2기, 3기는 전국의 간호대학 교수들만 뽑았고, 그 이후에는 각 지역에서 간호사들을 뽑아 그 지역사회에 거주하는 정신질환자들을 위한 데이케어를 시작할 수 있도록 교육했다. 하지만 이 과정에 들어올 수 있는 자격 조건이 무척 까다로웠다. 정신과 간호사로서 정신과 병동에서 3년 이상 간호사로 일한 경력이 있어야 했다.

막상 법이 통과되었지만 전국적으로 데이케어를 실시하기 전에 시범사업이 필요했다. 그래서 이화여대의 '정신보건간호사 훈련 프로그램'을 이수한 간호사 중 서울 지역에 거주하는 20명의 자원봉사자를 모집하였다. 네 명의 실무 간호사를 제외하고는 거의 모두가 서울시내 대학에서 정신간호학을 가르치고 있는 교수들이었다.

지역주민들의 건강관리를 책임지고 있는 보건소에서 사업을 시작하고자 했으나 의사인 보건소장들마다 "왜 간호사들이 그런 일을 하느냐?"며 우리의 제안을 받아주지 않았다. 간신히 성북구 보건소장을 설득하여 성북구 내에 거주하는 정신질환자를 대상으로 시범사업을 시작할 수 있었다. 이리하여 병원에서 퇴원한 환자가 자기 집에서 생활하면서 낮에는 이곳에 와서 여러 가지 치료와 사회복귀훈련, 그리고 대인관계 등의 기술을 배울 수 있도록 다양한 프로그램을 운영하게 되었다.

그렇게 원하던 시범사업을 실시할 수 있게 되자 우리 모두는 떨 듯이 기뻤다. 그러나 막상 이러한 프로그램을 운영하려니 비용이 만만치 않았다. 당장 내소한 30~40명 환자들의 교통비, 점심식사비, 활동비 등으로 최소 월 150여만 원이 필요했다. 우리 자원봉사 간호사들은 고민 끝에 한 사람당 월 3만 원을 보낼 후원자를 세 사람씩 모으기로 결정했다. 이들 60명으로부터 받은 후원금 180만 원으로 최소한의 경비를 충당할 수 있었다.

그러던 어느 날 후원자 중 한 분인 고 박을용 박사(당시 한동대학교 부총장)가 "UNDP에 도움을 요청해보라."는 제언을 해주었다. 당시에는 우리나라가 개발도상국이었기에 국제개발기구로부터 도움을 받는 것이 가능했다. 나는 이태원에 있는 UNDP 사무소로 가서 대표를 만나 도움을 요청했다.

"얼마를 도와주기 원하십니까?"

나의 사업계획 설명을 들은 대표가 관심을 표시하며 물었다.

"1년에 1,000불씩 2년만 도와주십시오."

나의 대답에 대표는 고개를 갸웃거렸다.

"당신이 말한 대로 사업을 하려면 이 액수보다 훨씬 많은 돈이 필요할 것 같은데요?"

그는 정식으로 제안서를 작성해서 제출하라고 했다. 나는 난감했다.

"저는 학교 일과 연구에 너무 바빠 그것을 쓸 시간조차 없습니다."

"걱정 마십시오. 우리에게 그런 일을 전문적으로 해주는 사람이 있습니다."

드디어 프로젝트를 전문적으로 써주는 소위 'Professional Grant Writer' 그레이거리 박사를 만나 사업계획을 얘기하였다. 며칠 후 그는 30만 불짜리 사업계획서를 보여주었다. 나는 깜짝 놀라며 그에게 말했다.

"너무 많이 요구하면 안 줄 텐데요."

그가 웃으며 말했다.

"이건 사회적으로 방치되어 있는 정신질환자들을 재활시키는

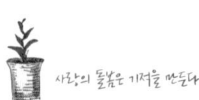

굉장히 뜻깊은 사업이므로 잘하면 받을 수 있을 것입니다."

기도를 하면서도 나는 속으로 설마 하며 그렇게 큰 액수를 지원받을 수 있을 것이라고는 생각지 않았다. 그런데 놀랍게도 석 달 후 지원이 결정되었다는 연락이 왔다. 당시 환율이 달러당 800원 대였다. 30만 불을 원화로 환산하면 약 2억 4,000만 원 정도가 되었다.

1996년 10월이었다. 이 일을 함께 준비해왔던 우리 20명은 환호성을 질렀다. 물론 그동안 센터를 찾아온 환자와 그 가족들의 기쁨 역시 대단하였다. 우리는 이 역사적인 프로젝트를 수행하는 것이 이 시대, 우리 정신보건 간호사의 사명임을 깨닫고 각자 서약서를 쓰고 이 사업에 동참하였다.

그런데 얼마 후 UNDP 대표가 나를 불렀다.

"이 프로젝트는 공동출자 형식의 지원 matching fund 이므로 UNDP에서는 15만 불만 지원하고 나머지는 한국에서 구해야 합니다."

예상치 못한 조건에 내가 암담해하자 대표가 제안을 했다.

"아는 기업가가 있으면 찾아가서 도와달라고 부탁해 보십시오."

그는 내게 A4 용지 한 장을 내밀며 아는 기업체 대표의 명단을 적어보라고 했다.

"저는 아는 기업가가 없습니다."

"나는 한국에 온 지 2년밖에 되지 않았지만 50명이나 알고 있는데 당신은 한국 사람인데다 또 대학 학장이면서도 그렇게 아는 사람이 없다는 말입니까?"

그는 이 말을 던지고는 나가버렸다. 나는 곰곰이 생각하기 시작했다. 한 시간 가량 지난 후 당시 내가 이사로 있던 전주예수간호대학 이사장인 이세웅 한국산업가스 회장(현 서울사이버대학교 이사장)을 비롯해서 세 사람의 이름을 간신히 썼다. 대표는 이 기업가들을 한자리에서 만나는 것이 좋다고 권했다. 그러면 경쟁이 생겨서 서로 더 많은 액수를 주려 할 것이고, 또 이 뜻있는 사업에 필요한 비용을 당당하게 요청하는 것이 중요하다고 했다. 그러나 이 세 사람을 같은 시간에 한자리에 만나게 하려니 너무 어려웠다. 한 분이 지방에 가 있으면 다른 한 분은 외국에 나가 있는 형편이었다.

도저히 세 사람이 함께 만날 시간이 안 되어 일단 한국산업가스의 이세웅 회장을 만나기로 약속했다. 그분을 만나 준비해간 파워포인트 프레젠테이션을 하려고 하자 회장님은 손을 내저으며 말렸다.

"그냥 간단하게 말로 설명해 주셔도 됩니다."

나는 사업에 대해 20분 동안 요약해서 설명했다.

"얼마를 도와드릴까요?"

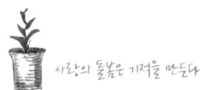

순간, 나는 얼마라고 말할까 고민했다. 그러다 세 사람이니까 한 사람당 5만 불씩만 지원을 받으면 될 것 같았다.

"5만 불만 도와주시면 감사하겠습니다."

당시 원화로 계산하면 약 4,000만 원이었다.

"그러죠."

회장님은 단숨에 승낙을 하시며 비서에게 온라인 계좌를 알려 주고 가라고 했다. 사무실을 나와 계단을 내려오는 동안 나는 얼마나 후회했는지 모른다.

'그냥 15만 불을 다 달라고 할 걸.'

이후 나머지 두 분을 만나려고 아무리 노력해도 시간이 맞지 않아 만날 수가 없었다. 그러던 중 그해(1997년) 말에 IMF 위기가 발생했다. 원화 달러 환율이 치솟기 시작하더니 800원에서 1,850원까지 올라갔다. UNDP에서 송금해온 돈 15만 불과 이세웅 이사장이 주신 4,000만 원으로 프로젝트 비용이 저절로 충당되었다. 기적 같은 일이었다.

원더풀! 수지 킴 프로젝트

드디어 퇴원한 정신질환자를 대상으로 지역사회 정신재활 프로그램이 시작됐다. 대단위 정신병원에서는 군대처럼 구령에 의해 움직이는 일이 많다. 이렇게 구령에 맞춰 수동적으로 생활하다 보니 환자들은 사회에 나오면 스스로 능동적인 생활을 하기가 힘들다. 그들에게 대화하는 것, 일상생활, 우체국이나 은행을 이용하는 법 등 실생활에 필요한 것부터 가르치고 훈련하기 시작했다. 심지어 지하철을 타는 법까지 가르쳐주었다. 우리는 환자의 집까지 방문하면서 그들이 다시 사회생활을 할 수 있도록 '사회생활 재활기술'을 가르쳤다. 이렇게 일일이 가르치려니 자원봉사자가 많이 필요했다.

환자마다 자기를 표현하는 방법이 다르다. 어떤 사람은 그림으로 자기를 표현하고, 어떤 이는 노래로 감정을 나타내기 때문에 각 사람에게 맞도록 미술치료사나 음악치료사를 찾아 연결시켜서 환자들이 표현하는 것을 도와주었다. 그게 바로 우리의 역할이었다.

UNDP로부터 재정 지원을 받아 수행한 '지역사회에 거주하는 만성정신질환자의 재활간호' 프로젝트의 타당성과 실사를 위해 유엔 산하에 있는 세계보건기구 WHO에서 프로젝트가 시작된 시기와 6개월 후, 그리고 끝날 무렵에 정신과 전문의사를 파송하였다. 첫 방문 시 그분은 프로젝트의 효과를 증명하기 위해 반드시 실

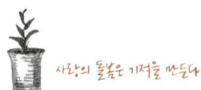

험설계 연구를 병행해야 한다고 조언해 주었는데, 이는 나중에 이 프로젝트의 효과를 증명하는 데 있어서 대단히 중요한 제안이었다. 사업이 진행되고 있던 6개월 후 두 번째로 우리의 프로젝트를 점검하러 왔던 그 의사는 환자들을 보고 깜짝 놀라 물었다.

"아니, 어떻게 환자들 상태가 이렇게 좋아질 수 있지요?"

6개월 전에 봤을 때와 전혀 딴판으로 달라진 환자들을 보면서 그는 도저히 믿기 어렵다고 말했다. 그리고는 "그냥 이렇게만 해서는 다른 사람이 믿어주지 않으니 실험연구를 하라"고 권했다. 일반적인 관리를 받는 그룹과 그렇지 않은 그룹의 차이점을 비교해서 연구하지 않으면 아무도 성과를 믿어주지 않을 것이라고 했다.

나는 그의 권유를 받아들여 일반적인 재활간호를 받는 그룹(실험군 1)과 10가지의 돌봄 행위를 통해 일반적인 재활간호를 받는 그룹(실험군 2), 그리고 아무런 관리도 받지 않은 그룹(대조군), 이렇게 세 그룹으로 나누어 2년간 비교 연구를 하기 시작했다.

6개월에 한 번씩 측정을 했는데 세 그룹 중에서 실험군 2, 즉 10가지의 돌봄을 받으며 프로그램에 참여한 그룹의 상태가 월등하게 좋아졌다. 재입원율과 입원기간, 가족 부담감이 줄어든 반면 자아존중감, 대인관계, 자기 스스로를 돌보는 자기 돌봄, 사회적 기능 등 15가지 면에서 현저하게 좋아졌다. 이 10가지 돌봄 행위를 받은 실험군 2에 속했던 두 사례를 간략하게 소개하고자 한다.

어느 날 어렸을 적에 가졌던 꿈을 서로 나누는 시간이었는데, 벌써 세 사람이나 "없어요!"가 반복되자 나는 내 꿈을 나누기로 했다.

"저는 초등학교 1학년 때 간호사가 되려는 꿈이 있었고, 드디어 그 꿈을 이루어 지금 여러분을 간호하고 있습니다."로 시작하여 한참 말을 이어가고 있었다. 그런데 갑자기 한 친구가 손을 번쩍 들더니 다소 흥분된 목소리로 "저도 꿈이 있었어요. 제 꿈은 가수가 되는 거였어요!" 하는 것이었다. 그러고 보니 노래시간이면 열심히 노래를 부르는 환자였다.

"그래요. 어쩐지 노래를 잘 부르시더라."

"아니, 잘 못해요."

정신과 환자들은 "못해요.", "싫어요.", "몰라요." 이 세 마디를 제일 잘한다. 이러한 말들은 자존감이 약한 사람의 특성이다. 내가 부탁을 하자 그는 "못해요." 하면서도 노래를 부르기 시작했다. 노래가 끝나자마자 우리 모두 박수를 쳐주며 칭찬을 했다.

"와! 정말 노래를 잘하시네요."

내가 듣기에 실제로도 노래를 제법 잘하는 것 같았다. 그간 아무도 그걸 알아주지 않은 것이다.

내가 근무하던 이화여대 음대 교수 한 분에게 전화를 걸었다.

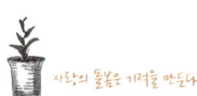

어렸을 적부터 가수가 되고 싶은 꿈을 가진 27세의 남자 정신과 환자로, 노래를 잘하며 지금 재활을 잘 해가고 있는 이 환자의 음성을 한번 테스트해 주시면 감사하겠다고 했다. 그런데 그 교수의 첫 반응이 "그 환자, 무섭지 않습니까?"였다. 나는 "교수님이 무섭다고 여기고 무섭게 대하면 무서울 수 있으나, 음악적 재능을 가진 좋은 환자라고 생각하고 대하면 노래를 하는 참 좋은 사람이랍니다."라고 말했다. 그러자 다음 주 화요일 오전 9시에 자기 사무실로 보내라고 했다. 그래서 환자에게 "음대 교수가 당신의 목소리를 듣고 싶어 하니까 준비하고 오라"고 했다.

약속한 날이 되자 나는 은근히 걱정이 되기 시작했다.

'혹시 안 오면 어떡하지?'

초조하게 기다리고 있는데 마침내 연구실 문을 두드리며 환자가 나타났다. 그의 모습을 보는 순간 나는 내 눈을 의심했다. 검은색 정장 차림에 흰 나비넥타이를 매고 스포츠형 머리를 단정하게 빗은, 너무나도 멋있는 모습으로 나타난 것이다. 완전히 무대에 서는 연주자 차림이었다.

"와아, 너무 멋있어요!"

사람은 자신이 입고 있는 옷 하나에 의해 행동이 달라진다. 이 환자 역시 연주복을 입으니까 행동도 달라졌다. 초조하게 기다리고 있는 나에게 음대 교수님은 "훌륭한 테너 목소리를 갖고 있으니 복음성가 가수가 될 수 있다"고 했다. 환자는 교수의 칭찬을 받고 뛸듯이 기뻐했다. 우리는 부모와 함께 그를 도와줄 복음성가 자원봉사자를 찾았다. 수소문 끝에 복음가수 손정우 장로님을 만났다. 그분이 매주 한 번씩 그를 지도해주기로 했다.

환자는 레슨을 받는 목요일이 오기만을 손꼽아 기다렸다. 그날만 되면 환자의 얼굴에서는 빛이 났다. 가스펠 가수인 손정우 장로님은 그에게 노래뿐만 아니라 걷는 법, 마이크 잡는 법, 몸의 움직임 등 무대에서의 매너도 가르쳐주었다. 7개월간 열심히 연습한 끝에 드디어 극동방송의 복음성가대회에 나갔다. 그는 여기서 그치지 않고 자신의 복음성가 음반도 녹음했다. 이 환자의 자존감이 얼마나 향상되었으며, 재활을 얼마나 잘했는지에 대해서는 굳이 설명할 필요가 없을 줄 안다.

또 한 사례. 집단에서 가장 어린 남자 환자인데 어찌나 산만한지 한시도 가만히 있지 못했다. 쉴 새 없이 이리저리 왔다 갔다 하면서 남의 것을 만지고 집어 먹곤 했다. 환자들도 이 환자가 옆에 오는 것을 싫어하고 피했다. 그런데 어느 날 함께 찬양하는 시간인데 이 환자가 자리에서 일어나더니 앞으로 걸어가는 것이었다. 나는 저 사람이 어디를 가려고 저러나 하고 조심스럽게 보고 있었다.

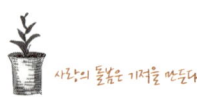

그런데 피아노 앞에 가서 앉는 것이 아닌가! 피아노 의자에 앉아서 몸을 고쳐 앉는가 하면 양손을 문지르는 모습이 영락없이 연주 직전의 연주자 모습이었다. 이윽고 그의 손이 피아노 건반을 두드리기 시작했다.

"나 같은 죄인 살리신 그 은혜 놀라워. 잃었던 생명 찾았고…"
정확한 음정으로 치는 그의 피아노 반주에 맞추어 우리는 찬송가를 다시 부르기 시작했다. 그는 악보도 없이 음 하나 틀리지 않고 피아노를 연주했다. 찬송이 끝나자 우리 모두 그를 빙 둘러싼 채 기립박수를 치며 칭찬을 했다.

"와, 너무 잘 친다."
내가 그를 꼭 껴안으며 물었다.
"피아노를 정말 잘 치는구나."
"나는 잘 못 쳐요."

나중에 그의 엄마에게 물어보니 어릴 때 피아노를 친 적이 있다고 했다. 알코올 중독자인 아버지가 집에 오면 엄마는 옆집으로 아이들을 피난시켰는데 그곳이 바로 피아노 학원이었던 것이다. 그는 아버지가 술을 마시고 오면 옆집의 피아노 학원으로 도망가서 거기서 피아노를 치곤 했다.

어느 날 이웃집의 피아노학원 선생이 아이를 피아노 콩쿠르에 내보내자고 했다. 아이가 콩쿠르에 나가는 날 엄마는 일하느라 가

보지도 못했다. 콩쿠르에서 상도 탔지만 엄마는 아들의 피아노 재능을 계속 키워주지 못한 것에 미안한 마음으로 살았다.

우리는 그에게 계속 피아노를 치라고 격려했다. 그러자 그는 레슨은 필요 없다며 혼자 칠 수 있다고 했다. 그런데 다른 피아노는 싫고 오로지 연주용 피아노만 치겠다고 했다. 연주용 피아노를 어디서 찾는단 말인가!

우리는 열심히 수소문해 보았지만 그가 칠 수 있는 연주용 피아노를 찾는 데 실패했다. 그러나 다행히도 이화여대의 에머슨 홀(중강당)에 있는 연주용 피아노를 사용할 수 있게 됐다. 그나마 사용할 수 있는 시간은 토요일뿐이었다. 우리는 그를 토요일마다 이화여대 중강당에 데리고 가서 연습하도록 해주었다.

그는 4개월간 혼자 베토벤의 피아노 소나타 〈월광〉을 연습했다. 그토록 한시도 가만있지 못하고 산만하던 그가 피아노 앞에만 앉으면 일어나질 않았다. 화장실도 가지 않고 피아노에 빠져들었다. 오히려 내가 기다리다 지쳐 이제 그만 가자고 사정할 정도였다.

사람은 누구나 자기가 하고 싶은 일을 하면 신이 나게 마련이다. 삶에 의미가 생기니까 옷 입는 것도 달라지고, 약도 잘 먹는 등 행동에 변화를 보이기 시작했다. 그는 인사도 잘하고, 표정도 밝아지고, 콧노래도 불렀다.

이들이 변하게 된 직접적 동기는 바로 '알아봐 줌'의 돌봄에서 시작되었다. 나는 이 두 사람에게 사례연구 발표회에 직접 나와서 연주를 해달라고 부탁했고 그들도 동의했다. 우리의 10가지 돌봄을 받고 좋아진 환자들의 상태를 실제로 보여주는 것이 그 어떤 통계자료보다 훨씬 더 설득력이 있다고 생각했다. 복음성가 가수가 된 회원(지역사회의 사회복귀 프로그램에 참여하는 만성 환자들을 이렇게 부른다)은 무대에서 노래를 하기로 했고, 피아노를 치는 회원은 〈월광〉을 연주하기로 했다.

드디어 프로젝트 공개발표회 날이 되었다. UNDP에서 지원금을 받으면 사업 수행에 따른 결과를 반드시 대중들이 보는 곳에서 발표해야 했다. 장소는 이화여대 삼성관이었다. 한국에 와 있는 유엔 기관의 각 대표들을 비롯해서 김모임 보건복지부 장관과 과학기술부, 보건복지위원회에 속한 국회의원들, 각계 대표 및 회원들과 그들의 가족 등 450여 명이 참석했다.

프로젝트 수행에 대한 연구결과 보고가 끝난 후 드디어 두 사람이 직접 연주를 보여주는 사례발표 시간이 되었다.

"이제 두 분의 연주를 직접 보고 들으시겠습니다."

한 사람이 무대에 나와 복음성가를 부르기 시작하자 장내가 숙연해졌다. 이어 또 한 사람이 나와 베토벤의 〈월광〉을 아름답게 연

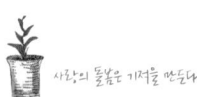

주하기 시작했다. 연주가 끝나자 우레와 같은 박수소리가 강당을 가득 메웠다.

"원더풀!"

찬사와 박수가 쏟아지면서 많은 사람들의 눈에서 눈물이 흘러내렸다. 두 사람의 연주는 어떤 설명이나 통계숫자보다 확실한 성공사례 발표였다. 또한 이 사례는 정신과 환자를 포함한 많은 사람들에게 희망을 주었다.

"정말 놀랍습니다."

"너무 훌륭합니다."

UNDP 본부에서 온 사람들이 이렇게 좋은 결과가 나타날 줄 미처 몰랐다며 내게 캄보디아와 태국, 중국에 가서 이 프로그램을 전수해 달라고 했다.

UNDP에서는 이 프로젝트를 '수지 킴 프로젝트'라고 불렀다. 계속되는 환자와 가족들의 요청으로 '수지 킴 프로젝트'는 지역사회에 정착됐고, 이 프로젝트를 통해 '사람 돌봄' 이론이 널리 알려지면서 '국제간호대상'이라는 영예로운 상을 받게 된 것이다.

초등학교 1학년 때 잉태된
간호사의 꿈

코를 닦아주던 교회의 여선생님

지독히 가난하고 어려웠던 어린 시절, 부모님은 늘 밖에서 일하셔야 했다. 부모님이 일을 나가시면 나는 두 살 터울의 여동생과 주로 집에서 함께 지냈다. 하루는 울어대는 동생을 데리고 시장에 장사나간 엄마를 만나기 위해 막연히 집을 나섰다.

'어디를 가야 엄마를 만나나….'

다섯 살 정도였던 나는 어린 동생의 손을 잡고 신작로를 타박타박 걸어갔다. 커다란 상용 트럭이 우리 옆을 휙휙 지나갈 때마다 앞이 보이지 않을 정도로 먼지가 뿌옇게 일어났다. 우린 금세 먼지투성이가 되었다. 먼지를 다 뒤집어쓰고 누런 코를 흘리며 울어

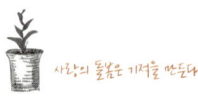

대는 동생을 데리고 무작정 걷고 있는데 어디선가 아이들의 노랫소리가 흘러나왔다. 노랫소리가 나는 곳을 쫓아가 보니 자그마한 시골 교회였다. 담도 없는 마당에서 젊은 여선생님이 아이들과 노래를 부르고 있었다.

선생님은 우리를 보더니 동생을 안아 콧물과 먼지로 범벅인 그 더러운 볼에 뽀뽀를 해주었다. 그리고 펌프질해서 올린 물로 우리를 깨끗이 씻겨준 다음 사탕을 주었다. 어린 마음에도 '아, 이런 곳이 있구나'라는 생각이 들었다. 그리고 '교회는 좋은 곳'이라는 인식이 뇌리에 박혔다.

그때부터 매일 교회를 다녔다. 교회가 동생과 나의 놀이터고 생활이었다. 한 사람의 선한 마음이 누군가의 인생을 바꿀 수 있다는 중요한 사실을 체험한 것이다.

유년시절에 내가 교회에서 배운 것 중에 일생의 좌우명으로 삼은 것이 한 가지 있다.

'일일일선'(一日一善).

하루에 한 가지씩 착한 일을 하는 것이다. 어린 내게 착한 일은 오로지 어머니를 기쁘게 해드리는 것이었다. 어머니를 기쁘게 해드리기 위해 밥도 짓고 나무도 하러 다녔다. 해방 후 아버지는 통역장교였는데 집에 거의 계시지 않았고, 엄마가 시장에 나가 장사를 했다. 7남매의 맏딸이었던 나는 엄마가 새벽에 시장에 나가시면 아침밥을 해서 엄마에게 갖다드리고 학교에 갔다. 학교가 끝나면 교회에 가서 놀다가 다시 엄마의 가게에 가서 빈 그릇을 가지고 집으로 가서 저녁을 하곤 했다.

어느 날 어머니가 "너희를 착하게 길러준 선생님이 너무 고맙다"며 교회에 가서 선생님께 인사를 해야겠다고 했다. 그때부터 어머니는 우리와 같이 매주일 교회를 다니기 시작했다.

영웅 같았던 간호사 아줌마

나는 전남 여수에서 태어나 그곳에서 어린 시절을 보냈는데 초등학교 1학년 되던 해, 여수순천십일구사건이 일어났다. 반란의 주동자들은 주민들을 초등학교 교실에 50~60명씩 집어넣었다. 그리고 그중 경찰이나 교사, 목사나 공공기관에서 일한 사람은 모두 불러내어 운동장에 일렬로 세워놓고 총살을 했다.

사흘째 되던 날, 그날도 이들에게 이름이 불린 사람들이 운동장에 줄줄이 세워졌다. 사람들은 교실에서 유리창을 통해 그 모습을 내다보고 있었다. 키가 작은 나도 어른들 틈에 끼어 까치발을 한 채 숨을 죽이고 밖을 내다봤다.

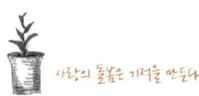

총부리가 일제히 사람들을 향해 겨눠졌다. 해가 뉘엿뉘엿 넘어가고 있었다. 곧이어 총소리와 함께 사람들이 쓰러졌다. 그런데 내 눈에 한 남자가 눈에 들어왔다. 그는 총을 맞지 않은 것 같았다.

"엄마, 저 아저씨 총을 맞은 것 같지 않아."

그러자 엄마가 얼른 손으로 내 입을 막았다. 총소리가 끝나면 다른 사람이 와서 칼로 찔러 확인사살을 하곤 했는데 그날만은 총만 쏘고 그냥 가버렸다.

사방이 조용해졌다. 나는 계속해서 그 사람만 뚫어져라 바라보고 있었다. 한참 후 그가 꿈틀거리는 것 같았다.

"하나님, 저 아저씨를 살려주세요."

사방이 완전히 어두워지자 그가 비틀거리며 일어나더니 피를 흘리면서 우리가 있는 교실로 들어왔다. 사람들이 두 패로 갈라졌다. 한 노인이 큰소리로 화를 내며 말했다.

"저놈을 당장 내보내라! 저놈 때문에 우리까지 죽는다."

그러자 다른 사람이 반대를 하며 막았다.

"안 됩니다. 이분을 숨겨주어야 합니다."

그때 한 젊은 부인이 앞으로 나가 쓰러진 그를 부축해 가운데에 눕혔다. 그리고 사람들을 두 줄로 둘러 세워 그를 가리게 했다. 그 부인은 아기를 업고 있던 아주머니의 띠를 풀어 그것으로 지혈을 시켰다. 얼마 후 피가 멈추었다.

"누가 물 좀 떠다 주세요."

그러나 아무도 선뜻 밖에 나갈 생각을 하지 않았다. 내가 얼른 나가서 양동이에 물을 떠가지고 왔다.

밤새도록 헛소리를 하는 남자 옆에서 부인은 "정신 차리라"며 뺨을 툭툭 치면서 찬 물수건으로 얼굴을 닦아주는 등 정성스럽게 간호를 했다. 나도 잠을 자지 않고 꼬박 그 부인과 남자를 지켜보았다. 드디어 남자가 새벽녘에 정신이 들었는지 깨어났다.

"여기가 어디요?"

죽어가던 사람이 살아난 것이다. 신기하고 놀라웠다. 어린 내 눈에는 죽어가는 사람을 밤새도록 간호해서 살렸다는 게 엄청난 사건이었다. 나는 부인에게 다가가 물었다.

"아줌마, 뭐하는 사람이에요?"

"응, 나 간호사야."

그 순간 결심했다.

'아, 나도 간호사가 되어야지.'

초등학생 꼬마 간호사

간호사가 되겠다는 결심을 굳힌 또 하나의 사건이 있었다.

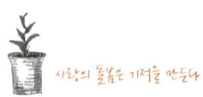

6·25 전쟁이 끝난 초등학교 5학년 때 학교에서 처음으로 운동회가 열렸다. 운동회의 마지막 순서로 가장행렬을 했는데, 담임선생님이 아이들에게 경찰, 여선생, 판사 역을 나눠주었다.

"김수지, 너는 간호사야."

선생님이 내게 간호사 역을 맡기자 나는 펄쩍 뛰며 기뻐했다.

'내가 간호사가 되고 싶은 것을 선생님은 어떻게 아셨을까?'

감사하고 신이 났다. 그러나 기쁨도 잠시, 가장행렬에 나가려면 간호사에 필요한 복장이 있어야 했다. 난감했다. 여수 의원에 가서 머리에 쓰는 캡을 빌려 왔지만 흰 원피스가 걱정이었다. 어른 것을 입으니 우스웠다. 그렇다고 엄마에게 옷을 해달라고 할 수도 없었다. 고민을 하다 간절히 기도했다.

"하나님, 흰 원피스, 흰 신발, 흰 스타킹이 있어야 해요."

그런데 정말 기적이 일어났다.

운동회 하루 전날 오후에 밥을 하려고 집으로 뛰어가고 있는데 어떤 아주머니가 머리에 무언가를 이고 가다가 내게 '하나꼬'의 집이 어디냐고 물었다. 당시 나의 일본 이름이 하나꼬였다.

"하나꼬가 전데요."

"집에 엄마 계시니?"

"아니요."

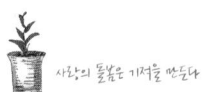

부인은 머리에 이고 있던 보따리를 가리키며 "그래, 아무튼 이건 네 앞으로 온 거니까 네가 가져가거라." 하고는 집 앞에서 내려주었다. 집에 들어와서 보자기를 펴는 순간 나는 내 눈을 의심했다. 레이스가 달린 흰 원피스, 흰 스타킹, 흰 샌들…. 바로 내가 간절히 원하던 것들이 아닌가! 그 선물은 일본에서 지내고 있는 외삼촌이 내게 보내온 것이었다.

일찍이 외갓집이 있는 섬을 떠나 우리 집에서 함께 살면서 중학교에 다니던 외삼촌은 여수순천십일구사건 때 좌익 학생들에게 거의 죽을 정도로 몰매를 맞았다. 이후 6·25 전쟁이 일어나자 외할아버지는 하나뿐인 아들을 잃게 될까 봐 외삼촌을 아예 일본으로 밀항시키셨다. 그리고 한동안 그곳에서 지내도록 했다. 외삼촌은 일본에서 공부하는 동안 밀항선을 타고 왔다 갔다 하는 사람들을 통해 이따금 소식을 전해오곤 했다. 그 외삼촌이 내게 선물을 보낸 것이었다.

드디어 운동회 날이 되었다. 가장행렬에서는 내가 단연코 주인공이었다. 당시 시골에서는 무명옷만 입어도 과분한 옷차림인데, 레이스가 달린 흰 원피스를 입고 흰 스타킹, 흰 구두를 신었으니 눈에 띄는 건 당연했다. 가장 멋있고 예쁜 간호사 역을 했다. 아이들이 나만 따라다녔다. 어린 시절, 간호사는 다시 한번 내게 '아름다운 사람'으로 강하게 각인되었다.

 운동회가 끝나고 난 뒤에는 후송병원을 들락거리며 간호사에 대한 꿈을 구체적으로 키워나갔다. 당시 각 지역마다 6·25 전쟁 때 부상당한 군인들을 치료하던 후송병원들이 있었는데, 나는 학교 수업이 끝나면 매일 혼자 병원에 찾아갔다. 그곳에서 부상병들의 위문편지 답장도 써주고, 담배 심부름도 하고, 드레싱 카트도 끌어주고, 주전자에 물을 떠다주는 등 잔심부름을 했다.
 언제부턴가 병원에 가면 사람들이 나를 '꼬마 간호사'라고 불렀다. 나는 정말 간호사가 된 것 같았다. 그리고 간호사들이 하는 일들이 너무 좋아 보이고 부러웠다.
 '나는 커서 꼭 간호사가 될 거야.'

 초등학교를 졸업하고 여수여중에 들어갔다. 입학 후 첫번째 모의고사를 치른 결과 성적대로 앞자리부터 앉았는데 나는 7등이라 맨 뒤에 앉게 되었다. 그런데 칠판의 글씨가 잘 보이지 않았다. 그제야 내가 눈이 나쁘다는 사실을 알게 되었다. 여수에는 안경점이 없어서 배를 타고 부산까지 가야만 안경을 맞출 수 있었다. 안경을 끼고 보니 세상이 달라보였다. 밤배를 타고 돌아오는데 너무 황홀해서 잠이 오지 않았다. 배 뒷머리에 일어나는 흰 거품과 불

빛이 너무 아름다웠다. 내 눈에는 그게 무지개 색깔보다 더 아름답게 보였다.

아침이 되어 동이 트자 갈매기떼가 보였다. 나는 갈매기의 모양을 그때 처음으로 정확히 보고 알았다. 그전까지는 아이들이 갈매기를 왜 그렇게 그리는지 이해가 가지 않았다.
'아, 갈매기가 저렇게 생겼구나.'
그때의 감격을 잊을 수가 없다.
여수에서 안경을 낀 여학생은 나밖에 없었다. 내가 지나가면 아이들이 신기한 듯 나를 보려고 따라왔다. 어떤 때는 "안경쟁이 간다!"며 놀리는 아이들도 있었지만 나는 전혀 놀림을 받는다고 생각하지 않았다. 나는 당당했다. 그저 세상이 뿌옇기만 했는데 하늘의 구름도, 바람에 흔들리는 나무도, 모든 것이 아름답게 보였다. 세상을 얻은 기분이었다. 생명이 약동한다는 느낌. 앞이 또렷하게 보인다는 것이 그토록 신 날 수가 없었다. 그때부터 나는 더욱 열심히 살았다.

당시 학교 강당에 피아노가 있었는데 아이들은 돈을 내야 피아노를 배울 수 있었다. 나도 배우고 싶었지만 피아노 레슨을 받을 돈이 없었다. 그래서 통행금지 시간이 끝나는 새벽 4시에 일어나 교회에 들러 기도를 드린 후 학교로 향했다. 나는 무서운 줄도 모르고 어두운 강당에서 혼자 피아노 연습을 했다. 교회에서 찬송가를 배웠기 때문에 음은 알았다. 교본도 없었지만 나 혼자 아이들이 치는 것을 듣고 연습했다. 아침 6시가 되면 돈을 내고 피아노를 배우는 아이들이 왔다. 나는 다시 집으로 와 밥을 지어 시장에서 장사하는 엄마에게 갖다 드리고 학교에 갔다.

"도둑질만 빼고 다 배워야 한다."

엄마는 내게 늘 이런 말씀을 하셨다. 어릴 때부터 이 말을 듣고 자란 나는 항상 뭐든지 배우려고 했다. 그래서 언제나 바빴다. 공부도 열심히 하고 특히 영어를 제일 잘했다. 중학교 1학년 때 영어 선생님이 "영어 발음이 너무 좋다"고 칭찬을 하면서 내게 특별지도를 해주었다. 선생님은 영어책을 무조건 외우라고 했다. 나는 선생님이 시키는 대로 무작정 영어 교과서를 외우고 다녔다.

"엄마, 언니는 오늘도 하루 종일 내가 알아듣지 못하는 말만 중얼거렸어."

동생은 일을 마치고 돌아온 엄마에게 이렇게 일러바쳤다. 그러면 엄마는 웃으면서 말씀하시곤 했다.

"언니가 열심히 하는 것이니 너도 따라 배워라."

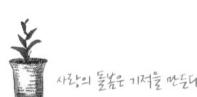

하루 28시간을 사는 열정 여학생

중학교 2학년 때 아버지가 제대를 하신 후 온 가족이 여수에서 서울로 이사를 왔다. 그러나 집안 형편이 워낙 어려워 고등학교를 보내줄 수 없다고 했다. 내가 몹시 낙심하자 이를 딱하게 여기던 큰고모가 명문인 숙명여고에 합격하면 어떻게 해서든 학비를 대주겠다고 하셨다.

당시 나는 숙명여고가 어떤 학교인지조차 몰랐다. 사람들에게 숙명여고가 어디 있느냐고 물으니 종로에 있다고 했다. 전차를 타고 종로란 곳에 내렸다. 학교를 찾아가 보니 붉은색 벽돌 담장에 아이비가 드리워진 아름다운 건물이 너무 좋았다.

'아, 난 이 학교에 꼭 들어갈 테야.'

나는 삼각지 우리 집에서 가까운 상명여중에 다니고 있었는데 교장 선생님이 "우리가 너를 키워줄 테니 숙명여고로 가지 말고 상명여고에 입학하라"며 극구 말렸지만 나는 기어코 숙명여고에 입학을 했다. 그리고 약속대로 고모가 학비를 대주셔서 고등학교에 다닐 수 있게 됐다.

입학 후 어느 날 영어 선생님이 나를 불렀다.
"영어 웅변대회에 나가보는 게 어떻겠니?"

"저는 음성이 작아서 영어 웅변대회에는 나갈 수가 없어요."
"그렇다면 이야기 대회에 나가면 되지."
 선생님의 추천으로 코리아 헤럴드에서 주최하는 영어 이야기대회에 나갔다. 영어 선생님이 열심히 지도를 해주신 덕분에 입상을 했다. 그러자 또 영어 웅변대회에 나가보라고 권하셨다. 전국 영어 웅변대회에 나가서 3등을 차지하자 나는 '영어 잘하는 학생'으로 알려지게 되었다.

 나는 공부뿐 아니라 과외 활동에도 적극적이었다. 적십자반에 들어가서 붕대 감는 법 등을 배웠고 동시에 걸스카우트에 입단해 모험적인 시도를 해보는 도전정신도 배웠다. 보통 다른 아이들은 과외 활동을 하나만 하는데 나는 종교부, 합창부, 적십자, 걸스카우트, 흥사단 등 모두 5개를 했다. 친구들은 나를 보고 "너는 24시간을 28시간으로 사는 아이"라며 놀렸다.

 어느 날 담임 선생님이 나를 불렀다.
"너 가정교사 한번 해볼래?"
"하지만 저는 고등학교 1학년밖에 안 되는데요."
"덕수초등학교에 다니는 학생이 숙명여중에 오고 싶어 하는데, 숙명여고 학생과 언니처럼 한집에서 살고 싶다는구나."

나는 담임 선생님의 추천으로 그곳에서 기숙하면서 가정교사를 시작했다. 이후 고등학교를 졸업할 때까지 그 학생과 한집에서 지내며 공부를 가르쳤다. 내가 고등학교를 졸업할 때 그 학생은 원하던 대로 숙명여중에 합격할 수 있었다.

너처럼 고집 센 애는 처음 봤어!

고3이 되던 해, 국립의료원 간호대학이 생겼다. 우리나라를 위해 핀란드, 노르웨이, 스웨덴 세 나라가 합작으로 최신 의료시설을 갖춘 국립의료원을 설립해 주었는데, 그 병원 안에 생긴 학교였다. 나라에서 주는 전액 장학금으로 공부할 수 있는 곳이었다. 뿐만 아니라 의식주가 다 무료였다.

'이 학교는 나를 위해서 생긴 곳이야.'

나는 이런 확신으로 집에 갈 때마다 일부러 을지로 6가에 있는 이 학교에 들르곤 했다. 추운 겨울인데도 기숙사에서 간호사들이 반팔을 입고 지내는 모습을 기숙사 창을 통해 보면서 너무 부러웠다.

'나도 곧 저기서 저런 생활을 하겠지.'

이 학교는 특차지원을 하는 곳이어서 다른 대학교보다 빠른 11

월에 원서를 접수했다. 아무 고민 없이 원서를 제출하고 나흘 후, 담임 선생님이 나를 부르더니 원서를 도로 돌려주었다.

"왜요?"

"원서를 다시 잘 읽어봐."

자세히 보니 입학요건에 '대한민국의 건강한 만 18세 여성으로 여자고등학교를 졸업했거나 졸업예정자'라는 문구가 적혀 있었다. 내 생일이 12월이어서 만 18세가 안 된다는 것이다. 수업이 끝나자마자 국립의료원 간호대학으로 뛰어갔다. 수위가 들어가지 못하게 말렸지만 나는 원장실로 쳐들어가다시피 해서 원장(교장 겸직)을 만났다. 그리고 사정을 했다. 그러나 원장은 "학교 규정이므로 만 18세가 아니면 받을 수가 없다"고 잘라 말했다.

"그토록 이 학교에 오고 싶으면 일 년 후에 다시 오도록 해요."

그래도 내가 나가지 않고 울고 소리 지르며 난리를 치니까 원장이 쩔쩔매다 비서를 불렀다.

"이봐, 이 학생을 제발 좀 진정시켜봐."

잠시 후 비서가 컵에 까만 물을 가져와 내게 먹으라고 내밀었다.

"이게 뭐예요?"

"좋은 거니까 먹어봐."

그때 난생 처음으로 '콜라'라는 것을 마셔보았다. 학교에서 집이 있는 창신동까지는 한 정거장밖에 안 되지만 가는 길이 그렇게

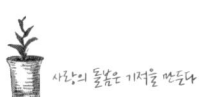

멀 수가 없었다. 너무 실망스럽고 낙심이 되었다. 식음을 전폐한다는 말의 의미를 처음으로 깨달았다. 절망감에 휩싸였지만 그래도 한편으론 '하나님께서 좋은 길을 주시겠지' 하는 마음이 있었다. 친구도 옆에서 위로를 해주었다.

"잘될 거야. 그동안도 그랬듯이 하나님께서 다 준비해놓으셨을 거야."

대입원서 접수철이 다가오자 영어 선생님이 내게 이화여대 영문과에 가라고 권유하셨다.

"저는 간호사가 될 거예요."

"그럼 이화여대에 가도록 해라. 장학금을 받을 수 있을 거야."

그러나 담임 선생님은 내게 영문과를 택하라고 권유했다. 교장 선생님도 내게 영문과를 가든지 아니면 서울대 외교학과에 가라고 하면서 간호학과를 가겠다는 내 원서에 도장을 찍어주지 않았다. 다른 아이들은 모두 원서를 보냈는데 내 원서만 아직 남아 있었다.

마침내 나는 교장실 앞에 서 있었다.

"내가 오랫동안 교장 생활을 했지만 너처럼 고집 센 아이는 처음 봤다. 이게 다 너의 장래를 위해서 그런 것이야."

"저는 어려서부터 간호학과에 가려고 했어요."

나의 고집에 결국 교장 선생님이 두 손을 들고 말았다. 그리고 시간이 없으니 자신의 자가용에 태워 주시며 빨리 가서 접수시키라고 했다. 나는 부랴부랴 교장 선생님의 차를 타고 이화여대로 가서 가까스로 원서를 접수할 수 있었다. 그런데 막상 합격을 하고 나니 1학년은 장학금이 없다고 했다. 너무나 실망스러웠다.

미국에서 날아온 기적의 100불

합격통지를 받은 후 3일 안에 등록금을 내고 입학등록을 마쳐야 하는데 등록금이 없었다. 집에서는 내가 대학을 다닌다는 건 생각조차 하지 않고 있었다. 친한 친구는 불문과에 합격해서 이미 등록까지 마친 상태였다.

등록 마감일, 친구가 내게 또 위로하듯 말했다.

"걱정하지 마, 네가 꿈꾸는 것은 항상 이루어졌잖아."

나도 왠지 맘이 편안해졌다. 그날 오후였다. 우체부가 집에 찾아와 내 이름을 불렀다.

"김수지 씨, 편지가 왔으니 도장을 가지고 나오세요."

당시 국제우편은 등기로 보내왔으므로 도장이 필요했다.

'누가 내게 국제우편을 보냈지?'

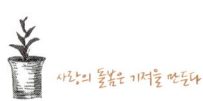

발신자를 보니 미국의 벨로우 씨 내외분에게서 온 편지였다. 유네스코와 숙명여고가 공동 주최하는 국제아동미술전람회에서 벨로우 씨 부인이 심사를 한 것이 계기가 되어 우리 학교 미술시간에 데생 강의를 한 적이 있었다. 그런데 영어선생님이 그 시간에 오시지 못해 갑자기 내가 통역을 하게 되었다. 그 일이 인연이 되어 그분의 집에 가끔 놀러 가곤 했다. 두 분은 60세가 넘었지만 자녀가 없었다. 그리고 그해 미국으로 돌아갔는데 갑자기 내게 이 편지를 보내온 것이었다. 반가운 마음에 급히 편지봉투를 뜯는데 100불짜리 수표가 봉투 안에서 툭 떨어졌다.

'수지, 지금쯤은 네가 원하던 간호학교에 들어갔겠지?'

입학을 축하한다는 말과 함께 대학에 들어가면 용돈이 필요할 테니까 보태 쓰라는 내용의 편지가 들어 있었다. 당시 100불은 용돈 정도가 아니라 등록금을 충당하고도 남을 만큼 큰돈이었다.

나는 수표를 들고 서대문의 조흥은행으로 마구 뛰어갔다. 그날 오후 5시가 등록금 납부 마감 시한이었다. 은행 직원이 수표를 보더니 이대로는 바꿔줄 수 없다고 했다.

"한국은행에 가서 바꾸어 와야 합니다."

나는 다시 수표를 들고 소공동의 한국은행으로 뛰어갔다. 그러나 그곳의 직원도 수표를 보더니 고개를 저었다.

"추심하는 데 최소 한 달이 걸립니다."

나는 어디서 그런 용기가 났는지 갑자기 은행장실로 뛰어 올라갔다. 직원이 안 된다고 뒤따라오며 소리를 질렀다.

"급하단 말예요. 은행장님을 꼭 만나야 해요!!"

나는 은행장실의 문을 왈칵 열고 들어갔다. 하얀 와이셔츠를 입은 점잖게 생긴 분이 책상 앞에서 놀란 듯 나를 쳐다보았다.

"무슨 일이지요?"

나는 다급한 목소리로 나의 상황을 설명했다.

"학생의 급한 사정은 알겠지만 아무리 급해도 추심을 하지 않고 돈을 줄 수는 없습니다."

은행장의 말을 듣는 순간 앞이 깜깜해지고 맥이 탁 풀려버렸다. 눈물이 막 쏟아지려고 하는 찰나에 은행장이 웃으며 다시 말했다.

"대신 내가 학생에게 먼저 돈을 줄 테니 나중에 추심이 되면 그때 갚도록 하세요."

그는 빳빳한 돈 13만 환을 봉투에 담아 내게 주었다.

"자, 늦었으니 빨리 가서 등록부터 하도록 해요."

"고맙습니다! 정말 고맙습니다!"

나는 그 돈을 품에 안고 다시 서대문까지 달려갔다. 숨을 헉헉거리며 간신히 마감 시간 안에 등록을 마칠 수 있었다.

그 돈으로 입학금을 내고 나니 3만 8천 환 정도가 남았다. 남은

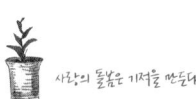

돈으로 교과서를 사고 입학식에 입을 포플린 원피스 한 벌까지 맞추었다. 정확히 계산된 것처럼 딱 맞은 액수에 나도 놀랐다. 나는 이 원피스를 12년 동안 입고 다녔다.

너무나 재미있는
간호학 공부

19살 여대생이 아저씨들에게 성교육

　이화여대 입학식을 마치고 대강당에서 영문과를 제외한 모든 신입생들이 영어시험을 보았다. 나는 이 시험에서 1등을 한 덕분에 학교 추천으로 사회사업연구회에서 매달 생활비와 학비까지 주는 장학금을 받을 수 있었다. 그런데 4·19로 인해 이 장학금이 중단되고 8월부터는 한미재단을 통해 간호학과, 의학과, 수의과 학생에게만 지급하는 파일럿 인터내셔널 비즈니스 여성단체의 장학금을 받게 되었다. 이 장학금으로 졸업할 때까지 학교를 다녔고, 가정교사를 하면서 번 돈은 집에 생활비로 드렸다.

대학에서 정식으로 간호학을 배우자 너무 재미있었다. '포토제닉 메모리'라는 말처럼, 눈을 감으면 전공 책이 뚜렷하게 펼쳐질 정도로 간호학 공부에 푹 빠져 지냈다. 공부가 얼마나 재미있었던지 집에 오면 어린 동생들을 앉혀놓고 그날 배운 학과목들을 조곤조곤 설명해주곤 했다. 인체에 대해서 알려주고 기본 간호학 시간에 배운 마사지도 해주고 병리학과 생리학에 대해서도 가르쳐주었다. 동생들도 내가 하는 말들을 무척 재미있어 하면서 들었다.

보건간호학을 가르치시던 교수님이 형편이 어려운 사람들은 병이 나도 병원에 가기 어려우니 무엇보다도 병이 나지 않도록 예방교육을 하는 것이 중요하다고 하셨다. 그러면서 내게 '재건대'란 곳을 소개해 주었다.

서울 중구에 있는 '재건대'는 넝마주이로 먹고사는 사람들을 재활시키는 곳이었다. 당시 그곳에는 성병 환자를 비롯하여 우범자들이 많아 내무부에서 각 지역별로 이들을 특별 관리하고 있었다. 나는 일주일에 한 번씩 남자들뿐인 그곳에 가서 보건간호학 시간에 배운 성병이나 보건위생에 대해 강의를 했다. 사실, 그곳에 있던 대부분의 남자들이 성병에 걸려 있었기 때문에 필요한 경우 주사도 놔 주었다. 지금 생각하면 겁도 없이 참 당찼던 것 같다. 19살 여대생이 아저씨들에게 성병 교육이라니….

수지맞는 김수지

대학 2학년 겨울방학이 시작되었다. 겨울방학 동안 병원에서 4주간 실습을 하면서 간호사로서 적성을 테스트하게 되었다. 간호학생으로 처음 실습을 시작하던 날, 내가 처음 들어갔던 '이대병원 104호실'은 아직도 잊혀지지 않는다.

약을 들고 병실에 들어가자 환자가 내게 물었다.

"학생 이름이 뭐지?"

약에 대한 것은 열심히 준비를 해갔는데 환자가 갑자기 내 이름을 묻자 생각나지 않았다. 너무 긴장한 나머지 이름은커녕 성도 생각나지 않았다. 그저 당황해서 얼굴이 빨개진 채 약만 주고 왔다.

"어허, 자기 이름도 모르는 학생이 있네."

척추마비 장기 환자였던 그분은 내 뒤에서 큰 소리로 웃었다. 얼굴이 벌겋게 되어 나오니 수간호사가 나를 보고 물었다.

"김수지 학생, 왜 그래? 무슨 일 있었어?"

그제야 내 이름이 생각나는 게 아닌가! 다시 104호 병실로 되돌아가서 말했다.

"제 이름은 김수지예요."

환자가 다시 껄껄 웃으며 말했다.

"어, 수지라구? 수지맞는 수지구먼!"

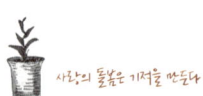

이후부터 나는 다른 사람들에게 내 이름을 소개할 때마다 '수지 맞는 수지'라고 말하곤 한다.

이 일이 있고 나서 나는 가슴에 이름표를 달도록 제안을 했고 그 제안대로 이름표를 달고 병실에 들어갔다.

3학년부터 전공실습을 위해 원주기독병원, 원자력병원, 한일병원 등 여러 병원을 계속 돌아다녔다. 한 학기 실습을 마치고 성적표가 나왔다. 다른 과목은 모두 A학점인데 정작 보건간호실습만 B학점이 나온 게 아닌가.

'이상하다. 환자들에게 잘한다고 칭찬을 받았는데….'

게다가 천직이라고 생각하고 택한 길인데 실습에서 B학점을 받으니 여간 속상한 게 아니었다. 내가 무엇을 잘못했는지 떠올려봐도 뚜렷이 기억나는 게 없었다. 아무리 생각해도 이유를 알 수 없어 담당교수인 손경춘 교수님을 찾아갔다. 교수님의 대답은 간단했다.

"너는 자전거를 못 타잖아."

당시의 농촌의 보건소에서 근무하려면 환자 방문을 위해 자전거를 탈 줄 알아야 했다. 그래서 교수님은 학생들에게 자전거 타는 법을 배우라고 했다. 나도 몇 번 시도를 해봤는데 다른 것과 달리 이상하게 자전거만은 탈 수가 없었다. 다른 사람은 몇 번 올라

타면 금방 잘도 굴러가는데 나는 번번이 넘어져서 결국 포기하고 말았던 것이다. 내게는 자전거 타는 게 가장 어려운 일이었던 것 같다.

나이팅게일 선서, 내 평생 잊지 못하는 날

나이팅게일 선서를 하던 날은 내 평생 잊지 못하는 날이다. 하얀 유니폼으로 아름답고 정중하게 단장한 42명의 학생들이 내빈과 학부형들이 앉아 있는 중강당 식장으로 입장했다. 나는 맨 앞에서 두 번째 줄에 앉았다. 찬송가 523장을 부르는 것으로 식이 시작되었다.

나 형제를 늘 위해 진실하고, 날 보는 자 늘 위해 정결하고
담대하며 이 세상 환난 중에 나 용감히 늘 살게 하소서
나 용감히 늘 살게 하소서

저 원수도 내 참된 친구 삼고, 남 주면서 그 일을 잊으리
연약한 나 늘 온유 겸손하여 늘 섬기며 기쁘게 살리라
늘 섬기며 기쁘게 살리라

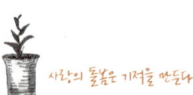

늘 바빠도 나 힘써 기도하며 주와 함께 늘 교통하리라
주 가신 길 그 발자취를 따라 믿음으로 늘 살게 하소서
믿음으로 늘 살게 하소서

이 찬송을 부르는 중에 가사의 구절 구절이 내 마음속에 큰 파장을 불러일으키면서 환자를 보살피는 간호사로서 지녀야 할 성품과 취해야 할 자세에 대한 각오를 다지게 되었다.

42명의 학생들이 두 줄로 서서 한 사람씩 이영복 학과장님과 보건간호학을 담당하신 손경춘 교수로부터 캡을 받아 쓴 뒤, 4학년 선배들로부터 촛불을 받아 단 아래로 내려 왔다.

자신을 태우며 빛을 발하는 촛불을 받는 것은 크레미아 전쟁 때 밤마다 병상의 군인들에게 용기와 희망을 북돋아 주었던 "등불을 든 여인 The Lady with Lamp" 나이팅게일의 삶을 본받도록 하는 상징적인 의식이다.

그리고 우리는 한 목소리로 나이팅게일의 선서문을 외웠다.

"나는 나의 일생을 깨끗하게 살며 내 직무에 충실할 것을 하나님과 여기 모인 여러 사람들 앞에서 삼가 서약합니다. 남에게 해로운 일은 무엇이나 하지 않겠으며 해로운 약인 줄 알고는 자기나 남에게 쓰지 않겠습니다. 간호사업 수준을 향상시키기 위하여 내

전력을 다하겠으며 직업을 통하여 내게 알려진 개인이나 가족의 비밀을 굳게 지키겠습니다. 나는 성심으로 의사와 협력하며 내게 맡겨진 모든 사람의 안위를 위하여 이 몸을 바치겠습니다."

이 선서를 하는 동안 내게 맡겨진 모든 사람들의 안위를 위해 군림이 아닌 섬김, 힘이 아닌 사랑, 말만이 아닌 행동, 소유가 아닌 베품, 이기적이 아닌 이타적인 삶을 살겠다는 결단과 함께 나도 나이팅게일 같은 간호사가 되려고 생각하자 눈물이 솟구쳐 올라 참느라 혼이 났다. 제자리로 돌아와 촛불을 끄고 김활란 총장님의 축사를 들었다.

"그리스도를 믿는 사람이면 누구나 그분 같은 생활을 하기 원합니다. 그러나 마음으로 그것을 원하느냐 그렇지 않느냐가 문제가 아니라 실천하느냐 안 하느냐가 중요한 것입니다."

축사를 들으며 속으로 생각했다.

'나도 예수님처럼 낮고 천하고 병든 자를 간호하며 살리라.'

병실에만 들어가면 물 만난 고기

나는 실습시간마다 간호사복으로 갈아입고 병실에만 들어가면 내 세상 같고, 물 만난 고기 같았다. 신이 나고 에너지가 넘쳤

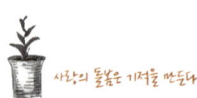

다. 환자 한 사람 한 사람마다 특성에 맞게 돌보는 것이 그렇게 신나고 재미있을 수가 없었다. 또한 환자들을 보면 안타까운 마음이 들면서 정말 도와주어야지 하는 마음이 들었다.

이대병원 산부인과에서 실습을 할 때였다. 50세가 넘은 부부가 와서 임신을 확인했다. 결혼한 지 27년 만에 생긴 아기였으니 그 기쁨이 오죽했겠는가. 나도 함께 기뻐하면서 부인이 산전 진찰을 받으러 오면 나이 많은 산모가 시기별로 주의해야 할 점들을 미리 공부해서 자상하게 가르쳐주었다. 그 부부는 내 말을 열심히 잘 들어주었고, 병원에 오면 꼭 나를 찾았다.

드디어 산모가 아기를 낳기 위해 병원에 왔다. 산모의 나이가 많다 보니 난산이었다. 몹시 힘들어하는 산모 옆에서 지극정성으로 간호를 해주었다. 다행히 탈 없이 아들을 낳았는데 부인이 아기를 다룰 줄 몰랐다. 그래서 내가 젖 먹이는 것도 가르쳐주고 유방 마사지도 해주었다. 퇴원 후 며칠이 지났는데 남편이 허겁지겁 찾아왔다.

"아기가 잠을 자지 않고 밤새 울어요."
"아기 목욕을 주로 언제 시키세요?"
"낮에 시키는데요."
"그럼 오늘부터 밤에 목욕을 시켜보세요."

퇴근 후 나는 밤에 그 집에 가서 아기의 목욕도 시켜주었다. 아이를 늦게 가진 부모의 마음이 와 닿아 돕고 싶었다.

한번은 나를 친동생처럼 대해주는 간호학과 선배의 언니가 출산을 하기 위해 병원에 왔다. 초산이었다. 내가 옆에서 계속 등을 쓰다듬어주고 마사지를 해주었다. 선배의 언니가 눈물을 글썽이며 말했다.
"학생, 너무 고마워요. 만약 내가 딸을 낳으면 학생의 이름을 따 수지라고 지을 거에요."
그분은 정말 딸을 낳아서 이름을 '수지'로 지었다. 그 여아는 '윤수지'였다.

원주 기독병원에서 실습을 하고 있을 때였다. 온몸에 화상을 입은 환자가 응급실에 실려 왔다. 몸의 80%가 화상을 입은 환자였다. 다들 그가 곧 죽을 거라고 생각했다. 그러나 '켈리'라는 선교사였던 간호사는 그를 포기하지 않고 정성껏 돌보았다.
"죽는 순간까지 최선을 다해야 합니다."
그녀는 우리 실습생들에게 "밤에 이 사람을 위해 특별히 간호해줄 학생이 있느냐"고 물었다. 아무도 선뜻 나서지 않았다.
"제가 하겠습니다."

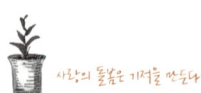

나는 그녀 옆에서 밤을 새며 간호를 도왔다. 상처를 소독하고 약을 바른 후 붕대를 감을 때마다 환자는 너무 아프다며 비명을 질렀다. 켈리는 아기 달래듯 환자를 달래며 치료경과와 예후에 대해 자상하게 설명하면서 격려해 주었다.

"잘 참으시네요. 조금만 더 참으면 됩니다."

"많이 아프죠? 그러나 이렇게 해야 살 수 있습니다. 자, 조금만 참으세요."

그녀는 환자에게 일일이 설명하고 달래가면서 정성껏 간호를 했다. 그 모습을 옆에서 지켜보던 나는 감동을 받았다.

'아, 간호는 저렇게 해야 하는구나.'

결국 그 환자는 살아났다. 사랑으로 정성스럽게 돌보는 간호의 힘을 다시 한번 절실히 깨달을 수 있는 기회였다.

미국 유학생,
고졸 남편과 결혼하다

매일 주고받은 2,400여 통의 연애편지

나와 관련해서 많은 사람들이 남편 고 김인수 박사를 이야기한다. 2003년 갑작스런 사고로 소천하기 전까지 고려대 경영학과 교수이면서 인문사회연구회의 이사장이었던 남편은 든든한 후원자로, 자상한 반려자로 늘 내 곁에서 힘이 되어 주었다.

남편과 나는 연애시절 6년 동안 무려 2,400여 통의 편지를 교환할 정도로 서로를 향한 사랑이 뜨거웠다. 그러나 우리 부부 역시 여느 부부처럼 한때 이혼 위기까지 갈 정도로 힘들고 어려운 시간이 있었다. 우리는 하나님을 믿는 동일한 신앙만 있으면 결혼생활 내내 달콤한 허니문일 것이라고 기대했다. 또한 6년 동안 연애를

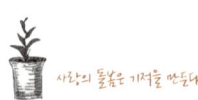

했기 때문에 우리의 결혼생활은 아무 문제가 없을 거라 생각했는데 첫날밤부터 문제가 생겼다.

남편을 처음 만난 것은 1960년 대학생 영어성서 모임인 '죠이 클럽'(현 죠이선교회)에서였다. 그곳에 갔던 첫날, 자유롭게 자기 의사를 발표하는 'Three Minutes Talk' 시간에 유창한 영어로 말하는 남자가 있었다. 자신만만해 보이는 그는 기독교를 믿지는 않지만 영어를 배우기 위해 대학생 영어성서 모임에 가입한 것이라면서 "기독교인들은 위선자들이다"라고 서슴없이 말했다. 그날부터 선교사와 친구, 그리고 나, 이렇게 세 사람이 그를 놓고 열심히 기도하기 시작했다.

"하나님, 김인수 씨가 예수님을 믿을 수 있도록 해주세요."

그해 12월에 그가 갑자기 군대를 가게 되었다며 저녁식사를 하자고 했다. 그러면서 처음으로 자신에 대한 이야기를 했다. 체신고등학교를 졸업하고 한양대 물리학과에 입학했다가 가정 형편상 1년 만에 자퇴하고 국제전신전화국에서 전신기사와 전화접수요원으로 일하고 있다고 했다. 그동안 우리 클럽 회원들은 그가 워낙 영어를 잘했기 때문에 대학을 졸업한 줄로만 알고 있었다.

그는 7남매의 가난한 집 둘째 아들로 먹는 것은 물론 교복도 해

입을 수 없어서 김천중학교 시절 남들은 동복을 입을 때 혼자 하복을 입고 다녔다고 했다. 국립체신고등학교에 들어간 것도 학비 면제뿐 아니라 학교에서 생활비까지 주었기 때문이었으며 그것도 모자라 학기 때건 방학 때건 가리지 않고 아르바이트를 하며 동생들 학비와 생활비를 보태며 살아야 했다는 것도 그때 말해 주었다. 나 역시 그와 비슷한 가정 형편이었기에 그를 보다 잘 이해할 수 있었다.

나는 군대에 가는 그에게 시편이 있는 신약 성경책과 실과 바늘을 선물로 주었다. 이듬해 2월, 첫 휴가를 나온 그를 다시 만났다. 그는 성경을 줘서 고마웠다고 하면서 훈련을 받다가 쉬는 시간마다 성경을 읽었는데, 옛날에 자기가 알던 기독교와 다르더라고 했다. 그러면서 올해가 자신이 구원받는 해가 되게 기도해달라고 나에게 부탁했다.

영어를 잘했던 그는 인천 송도에 있는 미군부대에서 행정직 일을 하게 되었다. 주말마다 휴가를 나오면 우리는 서울역에서 만나 광화문, 경복궁 앞을 지나 덕수궁, 법원 길을 거쳐 다시 서울역으로 걸어가는 '재건 데이트'를 했다.

나는 기숙사에 살면서 그 사람을 만날 때마다 샌드위치와 김밥

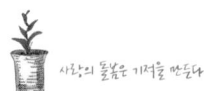

을 만들어 가지고 갔는데 친구들은 내가 데이트를 간다고 해도 믿지 않았다. 학교수업, 클럽 활동, 성가대와 주일학교 교사, 청년회 재건대의 봉사활동, 가정교사까지 일인 다역으로 워낙 바쁘게 지냈기 때문에 "또 무슨 모임에 갈 준비를 하는구나"라며 샌드위치와 김밥 만드는 것을 도와주기도 했다.

우리는 만날 때마다 성경말씀을 읽고 이야기했으며 매일 편지를 주고받았다. 그렇게 2,400여 통의 편지를 주고받으며 대학 4년을 보냈다. 부모님은 철통같이 믿었던 딸이 배반을 했다며 그의 편지가 배달될 때마다 노발대발하고 야단을 치셨다.

부모님은 2남 5녀의 7남매 중 맏딸인 나에게 "너는 우리 집안의 맏아들 노릇을 해야 한다." 는 말씀과 함께 "남자는 모두 도둑놈이다."라고 하셨다. 그래서 나 역시 자연스럽게 결혼하지 않고 동생들을 도우며 살아야겠다고 생각하고 있었다. 그러나 그를 만난 후 나도 모르게 이런 생각이 무너져 내리고 있었다.

유학을 포기하고 남편을 택하다

나는 대학 졸업과 동시에 이대부속병원에서 정식으로 간호사 일을 시작했고, 그는 여전히 체신부의 말단 직원으로 근무하고 있었다. 다른 좋은 곳에 취직하려 해도 고등학교만 졸업한 그로서는 원서조차 낼 수 없었다.

그러던 어느 날 그에게 기회가 찾아왔다. 말레이시아 대사관에서 행정직원을 뽑는데 '대학 졸업자'라는 자격제한이 없었던 것이다. 그는 죠이클럽에서 갈고 닦은 영어 실력으로 200대 1의 경쟁률을 뚫고 행정직 과장으로 합격해서 대학 졸업자들을 부하로 데리고 일을 하게 되었다. 그 후 극동방송국 견습 PD로 취직하였으나 외국 대사관에서 일한 경력을 인정받아 7개월 만에 총무과장, 입사 3년 만에 부사장에 올라 경영을 책임지기도 하였다.

1965년, 나는 교환간호사로 미국에 건너가 병원에서 일을 하면서 대학원 석사과정을 밟고 있었다. 그이 역시 한미재단의 장학생으로 선발되어 이듬해에 미국으로 유학을 올 예정이었다. 우리는 함께 유학을 가기로 하고 내가 먼저 미국으로 떠났던 것이다.

그러나 그이는 안(눈)암 진단을 받은 어머니가 생전에 아들의 결혼식을 보고 싶어 하신다며 빨리 한국으로 돌아오라고 했다. 어머니 건강 문제와 더불어 사실은 미국행 승선요금 360달러 중 160달러를 구하지 못해 유학을 포기했다는 것을 나중에야 알게 되었다.

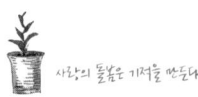

당시 나는 "약속대로 나와 결혼할 것이면 유학을 포기하고 귀국했으면 좋겠다."는 그의 편지를 받고 심각한 고민에 빠졌다. 장학금을 받고 이제 막 시작한 공부라 더욱 미련이 컸다. 저녁에 그의 편지를 받으면 한국으로 돌아가야겠다고 마음먹었다가도 아침이 되면 다시 생각이 바뀌었다.

'아냐, 이대로 돌아가면 안 돼. 하나님이 주신 좋은 기회니까 계속 공부해야지.'

고민 끝에 김활란 선생님께 조언을 구했다.

"내가 수지라면 귀국하여 결혼을 하겠다. 공부는 나중에도 할 수 있지만 결혼은 때가 있고, 더구나 부모님은 기회를 놓치면 섬길 수 없기 때문이다."

그 외에도 결혼을 하지 않으면 안 되는 여러 가지 상황이 만들어졌다. 결국 1966년 3월 25일, 나는 미국에서의 공부를 중단하고 1년의 교환간호사로서 계약기간이 끝나자마자 수료증만 받은 채 저녁 비행기를 타고 한국으로 향했다.

결혼식을 앞두고 가족은 물론 친구들까지 다들 주위에서 말렸다. 미국 유학생인 내가 고졸의 남편과 결혼을 한다는 것이 주변에서는 받아들이기 어려운 일이었다.

"너 정신 나갔니?"

"완전히 미쳤구나."

특히 아버지가 가장 화를 내며 반대하셨다. 대학 때부터 남편을 좋아하지 않았던 아버지는 내가 미국에 유학을 간다고 했을 때 적극 찬성을 하셨다. 미국에 가면 자연히 헤어질 줄 알았던 것이다. 그러나 헤어지기는커녕 공부까지 중단하고 돌아와서 결혼을 하겠다고 하니 반대가 이만저만이 아니었다. 게다가 아버지는 내가 귀국하자 벌써 서울법대 졸업생을 준비시켜 놓고 선을 보라고 성화를 하셨다. 주위의 반대도 만만치 않았다. 그리고 부정적인 소리도 들려왔다.

"저 결혼이 오래가겠어?"

"분명히 얼마 못 가서 헤어질 거야."

그러나 그 누구도 우리의 결혼을 막지는 못했다.

1966년 5월 14일에 결혼식을 올렸다. 결혼식장은 내가 다니던 동신교회였다. 남편은 단벌 양복을 세탁해서 입고 시내버스를 타고 결혼식장인 교회로 오다가 공교롭게도 버스 안에서 아버지를 만났다. 장인과 신랑이 결혼식에 가기 위해 한 버스를 타게 된 것이다. 그때까지도 남편이 마음에 들지 않았던 아버지는 버스에서도 눈길 한번 마주치지 않았다. 남편이 아버지의 버스 요금을 대신 내려고 하자 아버지는 손을 밀치며 퉁명스럽게 말했다.

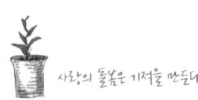

"자네 것이나 내!"

그리고 두 사람은 서로 떨어져 결혼식장까지 터벅터벅 걸어왔다.

몇 시간 전에 화관에 꽃을 꽂을 사러 간 친구가 결혼식이 시작되는 2시가 될 때까지 오지 않았다. 친구를 기다리다 못해 나는 부케에서 꽃을 몇 송이 뽑아 머리에 꽂고 식장으로 들어갔다. 신랑이 밉기만 했던 아버지는 내 손을 잡고 들어가 나를 맞이하기 위해 내민 신랑의 손 위에 내 손을 거칠게 획 내던졌다. 그 모습을 지켜보던 하객들이 일제히 웃음을 터뜨리는 바람에 식장은 순식간에 웃음바다가 되고 말았다.

우리 사랑해서 결혼한 거 맞나?

결혼식 후 시어머니 병간호 하느라 신혼여행도 못 가고 남편이 자취하던, 단칸 월세방에서 철제 캐비닛 한 개와 헌 책상 하나, 이부자리 한 채로 신혼생활을 시작했다. 이불을 깔면 몸을 움직일 수 없을 정도로 작은 방이었다.

첫날 밤, 자려고 누웠는데 남편이 뜬금없이 말했다.

"만약에 자다가 불이 나면 다락에 있는 큰 가방을 가지고 나가라."

　가방에 1번, 2번, 3번 꼬리표까지 붙여놓았으니까 그것을 들고 재빨리 나가라는 것이었다. 그리고는 이불을 머리부터 발끝까지 푹 뒤집어쓰고 자는 것이었다.
　'아니, 뭐라고?'
　아무리 생각해도 도저히 신혼 첫날 밤에 신랑이 신부에게 할 말이 아니었다.
　'이상하다. 무슨 남자가 이런가.'
　'혹시 강박증 환자인가?'
　정신간호학을 전공했던 나는 남편이 도저히 정상으로 여겨지지 않았다. 첫날 밤에 한숨도 자지 못하고 밤을 새웠다. 그래도 아침 일찍 부엌에 나가 연탄불로 정성껏 일곱 가지 반찬을 만들어서 상을 차려가지고 방에 들어갔다.
　남편이 밥상을 앞에 놓고 감사기도를 했다.
　"하나님, 사랑스런 아내를 주셔서 감사합니다."
　그러나 눈을 뜨고 밥상을 쳐다보는 남편의 얼굴을 보니 전혀 감사한 눈이 아니었다. 불만에 가득 찬 눈이었다.
　남편이 수저를 들며 내게 물을 좀 달라고 했다. 우리 집에서는 밥을 다 먹고난 후 물을 마시는데 남편은 식사를 하기도 전에 물을 찾았다. 부엌에 나가 우리 집 식으로 컵에 물을 담아 갖다 주었

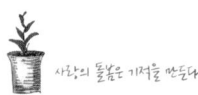

더니 이번에는 대접을 달라고 했다. 남편은 내가 가져다준 대접에 물을 붓더니 거기에 반찬을 이것저것 다 넣고 젓가락으로 섞기 시작했다. 나는 속으로 너무 놀랐다. 그러더니 거기에 밥까지 넣어 말아먹는 게 아닌가. 새벽에 일어나 정성껏 만든 각종 나물과 무치고 볶은 반찬들을 한꺼번에 섞어서 물을 말아먹다니 너무나 기가 막혔다. 모욕감마저 느껴졌다.

남편이 출근한 뒤 부엌에 나와서 속을 끓이다가 시누이에게 전화를 했다. 내 이야기를 들은 시누이가 큰소리로 깔깔거리며 웃었다.

"언니, 우리 오빠는 다른 건 다 필요 없어요. 그저 국만 하나 있으면 돼요."

남편은 밥상에 국이 없자 스스로 반찬에 물을 부어 국을 만들어 먹은 것이다.

'우리 집은 국이 없어도 잘 먹었는데….'

서로 살아온 습관과 문화가 다른 것이었다. 뿐만 아니었다. 나는 초저녁잠이 많은데 비해 남편은 새벽잠이 많았다. 아침에 일찍 일어나지 못하는 것을 보면 이해할 수 없었다.

'이 사람이 정말 내가 6년간 사귀던 사람인가?'

문제는 우리가 서로 너무 모르고 결혼한 것이었다. 6년을 사귀었지만 실제 결혼생활에 대해서는 전혀 준비를 하지 못했을 뿐 아니라 준비해야 한다는 생각조차 하지 못했다.

　이렇듯 서로의 성격과 생활습관의 차이로 인한 갈등은 피부를 맞대고 함께 사는 것을 배워야 하는 결혼생활 초부터 우리 사이를 삐거덕거리게 했다. 식습관에서부터 수면 패턴, 심지어는 덮고 자는 이불의 두께까지, 서로 다른 것이 한두 가지가 아니었다. 나는 딱딱한 음식을 좋아하고 남편은 물렁한 것을 좋아했다. 추운 겨울에도 담요 한 장으로 몸통만 덮고 자는 나는 오뉴월에도 두꺼운 솜이불을 머리까지 뒤집어쓴 채 잠을 자는 남편과 잠자리에 들 때마다 질식할 것 같았다. 나는 퇴근 후 옷을 벗으면 책상 위에 아무렇게나 걸쳐놓는데 남편은 양말까지 정리하는 스타일이었다. 남편은 여행을 가면 챙겨갈 목록을 모두 적은 후에 가방 속에 물건 담는 순서까지 그림으로 그릴 정도로 꼼꼼했다.

　첫날 밤에 "가방 1, 2, 3이 있으니 만일 불이 나면 갖고 나가라"고 말한 것도 나중에 알고 보니 어렸을 때 동네 부잣집에 한밤중에 불이 났는데 너무 당황해서 베개만 들고 나왔다는 말을 듣고는 그에 대비해 미리 준비해놓은 것이라고 했다. 어질러 놓기만 하고 정리정돈을 잘 하지 못하는 나는 이렇게 매사에 조직적이고 빈틈없이 깔끔한 성격의 남편에게 핀잔을 듣기 일쑤였다.

　"여자가 칠칠맞게…"

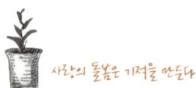

경상도 남자인 남편이 큰 목소리로 말을 할 때마다 마치 야단맞는다는 느낌이 들었다.

"무슨 여자가 이러냐?", "가정교육을 못 받았다."는 소리까지 듣게 되니 자존심이 상할 대로 상했다.

'정말 이 사람이 하나님이 내게 짝지어 준 남편 맞아?'

나는 자유방임적이고 진취적인 가정 분위기에서 여성으로서 차별받지 않으며 성장한 데 비해 남편은 지나치게 예의범절을 따지며 남존여비 사상이 철저했던 가정에서 성장했기 때문에 서로에게 갖는 기대와 사고방식이 너무 달랐던 것이다.

결혼 2년 만에 이혼을 통보하다

'도저히 이렇게는 못 살겠어.'

너무 힘들었다. 야단맞고, 일방적으로 비난받고 무시당하는 것 같아 살 수가 없었다. 근무를 끝낸 후 집에 갈 생각을 하면 가슴이 두근거리고 오늘은 또 무슨 야단을 맞을까 두려웠다. 문병을 갔다가 늦게 들어가도 "어디 갔다 왔느냐", "왜 이렇게 늦었냐"고 야단을 맞았다. 맏딸이었던 나는 자라면서 거의 야단을 맞아본 적이 없었고, 내 일은 항상 내가 알아서 주도적으로 해왔다. 그것이 결혼 전에는 장점이었는데 결혼생활에서는 걸림돌이 되었던 것이다. 결혼 후 2년 동안 주눅이 들어 지내다 보니 결혼생활에 대한 회의가 생겼다. 더 이상 이렇게 살아서는 안 되겠다는 생각이 들었다.

어느 날 출근하는 남편에게 메모를 써서 호주머니에 넣어주었다.
"이따 사무실에 가서 보세요."
남편은 대문을 나서자마자 호주머니에서 메모지를 꺼내 읽었다.
'오늘 근무 끝나고 6시에 신촌 독수리다방에서 만나요.'
남편은 그 메모지를 다시 주머니에 넣고 휘파람을 불면서 골목길을 내려갔다. 아마도 퇴근 후에 데이트를 하자는 낭만적인 편지로 알았던 모양이었다. 퇴근하기가 무섭게 남편은 약속장소인 다방으로 달려왔다.
"오늘은 무슨 바람이 불어서 밖에서 다 만나자고 했어?"
남편은 아무것도 모르고 자리에 앉자마자 신이 나서 물었다. 나는 아무 말 없이 테이블 위에 메모지를 올려놓고 글씨를 썼다.
'이대로는 살 수 없습니다.'
내가 쓴 글을 보자 남편은 눈을 동그랗게 뜨고 물었다.
"이게 무슨 말이야?"

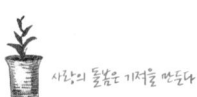

나는 다시 종이 위에 글씨를 썼다.

'이혼을 해야겠습니다.'

남편은 기가 막힌지 아무 말도 못하고 종이만 뚫어져라 쳐다보았다. 이윽고 한참 후 나를 쳐다보더니 조용히 물었다.

"어떻게 이런 생각을 했지?"

나는 아무 말도 못하고 그냥 울음을 터뜨리고 말았다. 그저 울기만 했다. 남편은 몹시 당황하며 나를 달랬다.

"말을 해야 알지."

나는 울면서 매일 야단만 맞고 비난받으며, 모욕감을 느끼고는 더 이상 함께 살 수 없다고 말했다.

"내가 언제 그랬어?"

남편은 어이가 없다는 듯 반문하다가 이내 차분하게 나를 다독거렸다.

"결혼이란 하나님이 만드신 것이고, 성경에 결혼생활에 관한 말씀이 있으니까 우리 성경을 읽으면서 그대로 실천해 봅시다."

그리고 이혼은 급한 게 아니라며 나를 일으켜 세우더니 팔로 감싸 안고 집으로 향했다.

친정에 잘했던 남편

그날 밤부터 우리 부부는 창세기 1장부터 읽으며 '결혼생활'에 관한 말씀을 뽑아서 서로 이야기를 나누기 시작했다.
'사람의 독처**하는 것이 좋지 않으니.'
"이 구절에서 독처란 무엇을 의미하는가?"
또 '사람을 위하여 돕는 배필을 지었으니' 부분에서, '돕는 베필' 밑에 밑줄을 긋고 돕는 것이 무엇인가에 대해서 이야기를 나누었다.
"나는 당신을 어떻게 도울 것인가."
그러다 보니 서로를 돕는 방법에 대해 구체적인 얘기가 나왔다. 나는 사람을 좋아해서 남편에게 물어보지도 않고 사람들을 우리 집에 초청하곤 했는데 이러한 행동은 돕는 배필로서 적당하지 않다는 것을 깨달았다. 맏딸로 눈치 보지 않고 살았던 나는 깨닫지 못했지만 남편 입장에서는 내가 물어보지도 않고 마음대로 사람들을 초청하는 것을 자기를 무시한다고 생각했던 것이다. 상대방의 마음을 상하게 하지 않고 이해하고 매사를 의논하는 것이 도와

** 혼자 사는 것.

주는 것임을, 또한 서로 의견을 나누다 보니 서로에 대해 깊이 알게 되었다. 매일 이런 식으로 성경말씀을 가지고 대화를 하는 시간이 바로 '부부의 사랑'을 나누는 시간이 되었다.

"당신은 이런 때 어떻게 하면 좋겠어?"

"나는 어떻게 적용할까."

"나는 이렇게 생각하는데…."

하루의 일상생활도 나누며 의논을 하기 시작하자 서로를 더 깊이 이해하게 되었다. 대화가 통하니까 상대를 알게 되고 마음도 든든해졌다.

내가 준비한 도시락 속에 '맛있게 드세요.'라고 쪽지를 넣으면 남편은 점심시간에 "맛있게 잘 먹고 있어요."라고 전화를 해주었다. 이런 작은 일들이 부부의 사랑을 질적으로 풍성하게 만들어갔다. 또한 그때 이후로 남편은 한 번도 소리를 높이는 법이 없었다. 차근차근, 소곤소곤 온유하게 타이르거나 설명을 했다.

다른 사람들도 남편이 언성을 높이거나 화를 낸 것을 한 번도 본 적이 없다고 했다. 또 내가 남편이 내게 반말하는 게 싫다고 했더니 그 순간부터 내게 경어를 사용했다. 그리고 내가 어질러놓으면 치우고, 내가 출근할 때는 내 가방을 챙겨서 문 앞에까지 갖다 놔 주곤 하였다.

그가 결혼 프로포즈를 했을 때 나는 친정을 책임져야 하므로 결혼을 할 수 없다고 하자, 그는 결혼을 하면 자기가 아들 노릇을 하겠다고 약속했고 그 약속을 성실히 지켰다. 우리는 결혼 후 양가에 매월 생활비를 꼬박꼬박 보내드렸는데 남편은 친정에 원래 보내드리기로 한 액수보다 꼭 더 보태서 보냈다. 그러면 나도 시댁에 더 보내드릴 수 밖에 없었다. 남편은 매주 친정에 들러서 인사를 하고 고장난 것도 고치고 동생들 공부도 가르치면서 자신의 약속대로 아들 노릇을 잘했다.

아이들에게 용서를 구한 아빠

아기를 낳아 키우는 양육방법도 서로 달랐다. 젖 먹일 때는 간단했는데 아이가 차츰 자라다 보니 서로 다른 양육방식 때문에 남편과 갈등하는 일이 많아졌다. 나는 교과서적으로 '이건 네가 해야 한다'고 요구하고 명령하는 스타일인데 비해 남편은 엄마인 내가 무조건 사랑하고 수용해주는 방법으로 키우기를 원했다. 남편은 아버지는 엄하게, 엄마는 사랑을 줘야 한다는 주장을 내세웠다. 우리는 서로가 혼돈스러웠다. 거기다 두 사람 다 바쁘게 생활하다 보니 아이들에게 사랑을 주기보다 명령하기 바빴다.

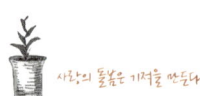

남편이 미국에서 박사과정을 밟을 때, 교회에서 주최하는 12주 과정의 'Father's Workshop'(일종의 아버지 학교)에 참석했다. 학부에서 한 강좌를 가르치며 박사과정에 있는 남편에게는 이런 시간을 낸다는 것 자체가 쉽지 않았다. 마침내 이 과정을 끝내고 수료하는 주일 아침, 남편이 갑자기 주머니에서 종이를 꺼내더니 딸아이부터 식탁에 앉히고 자신은 꿇어앉아 종이에 쓴 것을 읽기 시작했다.

"수야, 네가 잠이 모자라는데도 우리 시간에 맞추려고 억지로 깨워 앉힌 것 아빠가 잘못했다."

아이는 무슨 영문인지 몰라 눈만 동그랗게 뜬 채 아빠를 바라보았다.

"그리고 너에게 맞추어 생각하지 않고 아빠 생각대로 한 것에 대해서도 잘못했다."

남편은 이렇게 종이에 쓴 20가지를 하나씩 읽으면서 두 아이에게 잘못했다고 각각 사과했다. 그리고 마지막에 아이에게 물었다.

"아빠를 용서해 주겠니?"

남편이 눈물을 흘리자 아이들도 따라서 울음을 터뜨렸다. 나도 가슴이 뭉클했고 남편의 그런 모습에 큰 감동을 받았다. 저렇게 실천할 수 있는 용기를 가진 남편이 존경스러웠다.

이후부터는 두 아이들이 전보다 더 착해졌다. 모든 것이 말 한

번에 이루어지는 시스템으로 변했다. "얘들아, 일어날 시간이다." 라고 깨우면 "네" 하고 벌떡 일어났다. 예전에는 "밥 먹어라" 하면 "조금만요."하고 늑장을 부렸던 아이들이 "네, 가요."하고 무조건 달려왔다. 큰딸은 동생이 말을 안 들으면 "네가 이렇게 하면 아빠가 또 울어" 하면서 도리어 동생을 달래고 챙겼다. 그리고 예전에는 자동차 안에서도 시끄럽게 했는데 그 후부터는 차만 타면 가족이 함께 노래를 불렀다. 아빠가 변하면 온 가정이 변한다. 사람은 감동을 받으면 변하게 되어 있다.

지금 생각해보니 나의 '돌봄' 이론을 실제로 가장 잘 적용한 사람이 바로 남편이었다. 남편은 늘 나의 곁에서 필요를 알아봐 주고 나의 모든 일에 동참해 주었다. 생각과 꿈을 함께 나누고, 소소한 말과 불평조차 귀 기울여 들어주고, 나의 아주 작은 장점까지도 칭찬해주곤 했다. 또 내가 속상할 때 나의 편이 되어 위로해주고, 쉽게 포기하거나 좌절하는 나에게 희망을 불어넣어 주었으며, 이따금 내가 화를 내면 "미안하오. 용서해주오."라고 하며 먼저 관계회복을 시도했다. 그리고 출·퇴근시 늘 현관에서 포옹으로 보내며 맞아주던 남편의 그 따스한 정을 나는 지금도 느낄 수 있다.

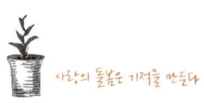

사랑의 돌봄은 기적을 만든다

Chapter 1...
7살 적 꿈을 이룬 간호사

♥ 간호사로 태어난 사람

저자가 간호사가 되기로 결심한 것은 초등학교 1학년 때. 총에 맞아 죽어가는 한 남자를 밤새도록 간호하는 한 젊은 부인을 지켜보며 전율을 느꼈고 자신도 사람을 살리는 간호사가 될 것을 결심한다. 또 한번의 계기는 초등학교 5학년 때의 학교 운동회. 가장행렬 순서에 선생님께서 간호사를 하라고 하셔서 뛸 듯이 기뻤지만 간호 복장이 없어 걱정이었다. 그런데 기적같이 일본에 있는 외삼촌이 흰 원피스와 흰 스타킹, 흰 구두를 선물로 보내주어 그해 가장 멋진 가장행렬이 되었다. 간호사는 저자에게 운명이 되었다.

♥ 환자들만 보면 물 만난 고기

성적이 뛰어났던 저자는 영문학이나 외교학을 전공하라는 담임 선생님과 교장 선생님의 강력한 만류에도 불구하고 이대 간호학과에 원서를 낸다. 합격통지서를 받았지만 등록금이 없어 쩔쩔매던 차에 고등학교 때 우연히 통역을 도와줬던 지인에게서 온 100불을 받아 기적처럼 입학을 할 수 있게 되었다. 대학에서 정식으로 간호학을 배우며 간호학 공부에 온통 푹 빠져 지냈다. 공부가 얼마나 재미있었던지 집에 오면 어린 동생들을 앉혀놓고 그날 배운 학과목들을 조곤조곤 설명해 주고 실습을 하곤 했다. 실습시간마다 간호사복으로 갈아입고 병실에 들어가면 물 만난 고기 같았다. 환자 한 사람 한 사람마다 특성에 맞게 돌보는 것이 그렇게 신 나고 재미있을 수가 없었다.

♥ 국내 1호 간호학 박사가 되다
간호학의 명문인 보스턴 대학에 입학시기를 넘겨 면접을 보고 극적으로 박사과정에 다니게 된 저자. 원 베드룸에서 남편이 깰까 봐 밤새 화장실 변기에 앉아 공부를 하면서도 특별장학금을 받았다. 그 과정이 너무나 어렵고 고통스러웠지만 1978년에 드디어 간호학 박사 1호로서 신문마다 대서특필된다. 그리고 2001년에 간호계의 노벨상이라 불리는 '국제간호대상'을 수상하면서 본인뿐 아니라 나라의 명예도 드높인다.

Chapter 2...
간호는 인생을 피어나게 한다

의학의 초점은 아픈 병소 부분이지만 간호의 초점은
그 병소로 아파하는 사람 전체이다.
사람을 사랑하는 마음이 있을 때 헌신적으로 돌볼 수 있으며,
이러한 돌봄을 통해 환자가 회복되고 더 건강해질 수 있다.

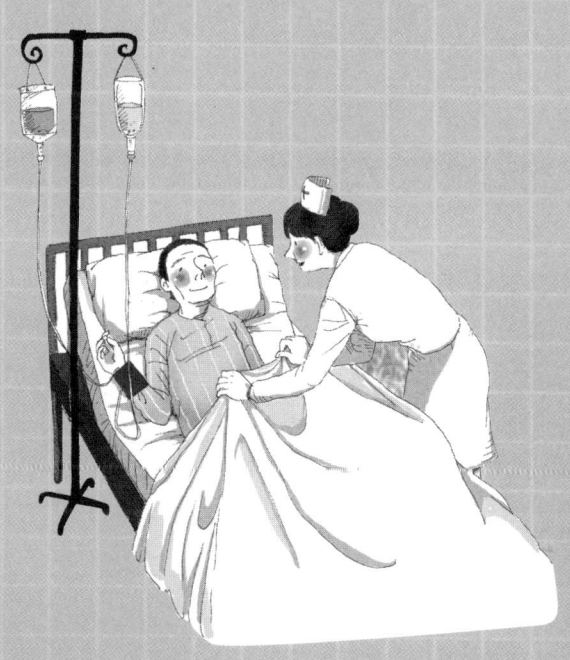

한국 최초의
간호학 박사

집에만 있다가는 평생 불행할 사람

결혼 후 시어머니 병수발을 하면서 서울외국인학교 양호 교사로 근무했다. 그런데 어느 날 남편이 일을 그만두라고 해서 방학과 동시에 그만둘 수밖에 없었다. 남편은 집에서 살림하면서 예쁘게 단장하고 다소곳이 남편을 기다리는 아내를 원했다.

한없이 답답하게 3개월을 지내고 있던 8월 중순경 남편이 내게 새 학기부터 다시 학교에 나가는 게 좋겠다고 했다. 그 말을 들은 나는 너무 기쁜 나머지 어린애처럼 머리가 천장에 닿도록 방에서 펄쩍 뛰었다. 그 바람에 낮은 천장이 찢어져 쥐똥이 우르르 머리 위로 떨어졌다. 나중에 남편에게 왜 갑자기 마음을 바꾸었느냐고 물었더니 지난 3개월 동안 내가 너무 불행해 보이더라는 것이었다.

'저 여자를 집에만 두었다가는 평생 불행하겠구나.'

서울외국인학교 양호 교사 일은 재미있었다. 체육시간에 나가 아이들과 운동도 하고 이 닦는 법, 손 씻는 법 등 기본적인 개인위생을 가르쳤다. 또한 학생들과 교사들의 건강을 관리하고 보건교육도 실시하였다. 2년 동안 양호 교사로 일하면서도 좋은 경험을 많이 했다. 병원은 아픈 환자를 돌보지만 양호 교사는 예방과 치료와 재활을 포함하여 폭넓은 간호를 할 수 있어 더 많은 것을 배울 수 있었다.

어느 날, 미국에서 내게 장학금을 주던 머츠Mertz재단으로부터 한미재단을 통해 한국으로 장학금을 보내줄 테니 한국에서 석사학위 과정을 공부해도 좋다는 놀라운 소식을 받았다. 나는 중단했던 공부를 다시 하기 위해 기쁜 마음으로 이화여대 정신과 간호학 석사과정에 들어갔다.

석사과정을 마친 1968년 9월, 내가 이화여대 전임강사가 되던 해에 남편은 이화여대와 같은 재단에 속한 국제대학 경영학과 야간부에 편입했다. 당시 극동방송국에 다니던 남편은 외국 출장이 잦았다. 그러면 내가 남편 대신 수업을 듣고 노트 필기까지 해주었다. 그것을 바탕으로 남편은 귀국하자마자 어려움 없이 시험을 치를 수 있었다. 그때 이화여대의 교수들이 국제대학에 와서 강의를 했는데 강의실에 앉아 있는 나를 알아본 교수가 "웬일이냐?"고 물은 적도 있었다.

간호조무사로 시작한 두 번째 미국 생활

남편은 대학을 졸업할 무렵인 1970년 12월에 미국 정부의 동서문화센터 장학생 선발시험에 기적적으로 합격하여 하와이대학교에서 석사과정을 할 수 있게 되었다. 생활비까지 모두 대주는 조건이었다.

이듬해 7월, 남편은 배를 타고 먼저 떠났고, 나는 6개월 후에 이화여대에 휴직계를 제출한 뒤 두 아이들을 데리고 남편이 있는 하와이주 호놀룰루로 갔다. 나는 남편이 공부하는 동안 병원에서 일을 하고자 그곳에서 가장 큰 병원을 찾았다. 그러나 병원에서는 나를 채용할 수 없다고 했다.

"우리는 미국 자격증이 없는 외국 간호사를 채용하지 않습니다."

나는 한국의 간호사 자격증이 있다고 하면서 간호조무사라도

좋으니 병원에서 근무하게 해달라고 간청했으나 역시 거절당했다.

"당신이 간호사라는 것을 알면서 보조로 쓸 수 없습니다."

호놀룰루에 도착한 때가 1월 중순이었는데 이미 미국의 간호사 자격시험이 끝난 때였다. 다음 시험 예정이 7월이라며 기다리라고 했다. 하지만 그때까지 놀면서 기다릴 수만은 없었다.

"저는 남편이 공부하러 왔기 때문에 일을 해야 합니다."

내가 사정을 하자 담당자는 다른 병원을 소개해 주었다.

"아마 그 병원에서는 간호 조무사 경험이 있다고 하면 써줄 것입니다."

나는 당장 담당자가 소개해준 병원에 찾아가 간호 조무사로 취직을 했다. 그곳은 장기 환자, 특히 노인 환자가 많은, 이승만 박사가 돌아가신 마우날라니 Maunalani 회복 병원이었다. 오리엔테이션이 끝날 무렵 미세스 콕이라는 간호부장이 어느 날 내게 보여줄 방이 있다며 자기를 따라오라고 했다.

"여기가 당신 나라의 대통령이 계셨던 방입니다."

그녀는 3층의 근사한 방을 보여주며 말했다.

"여기 계시는 노인분들 역시 훌륭한 일생을 산 사람들입니다. 한 사람 한 사람 모두 당신네 나라의 대통령처럼 소중한 분들이지요."

사실 첫 3일 동안 업무에 관한 오리엔테이션을 받으면서 '내가 이곳에서 왜 간호조무사로 근무해야 하는가'라는 회의가 들었지만 오리엔테이션이 끝날 무렵 그 이후부터 여기 있는 환자분들이 나름대로 모두 소중한 사람이라는 생각을 하며 열심히 일을 하게 되었다.

그해 7월에 간호사 자격시험을 치렀는데 6주 만에 합격통보를 받았다. 그제야 나는 간호부장에게 사실대로 이야기를 하고 합격통지서를 보여주었다. 그녀는 내게 내일부터 캡을 쓰고 출근하라고 했다. 그러나 막상 내가 정식 간호사가 되자 함께 일하던 조무사들이 부담스러워했다. 같은 간호 조무사로 일하던 내가 갑자기 캡을 쓰고 정식 간호사가 되니 마음이 불편한 게 당연했다. 결국 그 병원을 그만두고 스트롭Straub 병원으로 옮겼다. 스트롭 병원은 83명의 의사가 만든 의료주식회사였다. 나는 그곳에서 상담간호사로서 말기 암환자들과 정신과 문제를 가진 환자들을 보살폈다.

하와이에서 석사학위를 마친 남편은 경영학 분야의 명문인 인디애나대학교에서 학부 3학년 강의를 맡아 가르치는 조건으로 장학금을 받으며 박사과정 공부를 할 수 있는 행운을 얻었다. 한국에서 야간대학을 나온 지 2년 만에 미국 대학교에서 학부생 3학년 전공과목을 강의하게 된 것은 놀라운 일이었다. 남편은 2년 7개월 만에 박사과정을 끝내고 보스턴에 있는 MIT 대학의 연구원으로

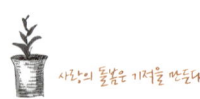

가게 되었다. 나는 아이들을 데리고 계속 인디애나에 살면서 블루밍턴병원의 수간호사로 일하고 있었다.

진정으로 환자를 사랑했던 닥터 존슨

인디애나대학의 캠퍼스 타운 내에 있는 블루밍턴병원 정신과 병동은 약물중독이나 정신과 문제를 가진 학생 환자들이 주로 입원해 있었다. 그런데 간혹 교도소 수감자 중에 정신과적인 문제를 가진 사람을 평가해 달라는 의뢰가 들어오기도 했다. 주로 교도소 내에서 자살을 시도하거나 난동을 부린 사람들이었다. 어느 날 교도소에서 자해를 한 사람이 정신과 병동으로 이송되어 왔다. 스팍스라는 40대 초반의 백인 남자였다. 이런 사람은 오랫동안 관찰해야 했기 때문에 보통 6주 정도 입원했었다. 그는 내가 담당하게 되었는데 인상이 매우 선하게 보이는 온순하고 말이 없는 사람이었다.

'어떻게 저런 사람이 교도소에 갔을까?'

그는 11살 때 슈퍼마켓에서 물건을 훔치다 발각되어 소년원에 수용되었고, 성인이 된 후 도둑질을 하다가 교도소에 들어가게 되었다. 탈옥과 절도 등을 반복하면서 결국 무기수가 되어버렸다. 종

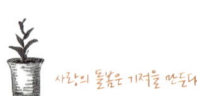

신형을 받은 후 그가 몇 번이나 동맥을 끊어 자살을 시도하자 정신과 의뢰를 하게 된 것이다.

스팍스 씨가 입원한지 2~3주 후, 기본적인 심리검사가 끝난 어느 날 그는 나에게 자신이 쓴 소설이 있다고 말했다.
"어머나, 그래요? 제목이 뭐에요?"
나는 관심을 보이며 물었다.
"하이웨이 High Way."
자기의 인생 이야기를 쓴 것이라고 했다.
"보고 싶네요. 제가 한번 읽어볼 수 있을까요?"
타이프 용지로 100페이지 정도인 중편소설을 나는 단숨에 읽었다. 참으로 기구한 운명이었다. 주인공은 미혼모의 아들로 태어나 엄마가 누군지도 모르고 위탁가정을 전전하다 11살 때 슈퍼마켓에서 물건을 훔친 게 시초가 되어 소년원을 들락거리면서 도망치고 또 훔치고를 반복하는 삶을 살았다. 그는 자신의 이런 삶을 마치 한번 들어가면 쉽게 빠져나올 수 없이 계속 가야 하는 '하이웨이' 같아서 그렇게 제목을 지었다고 했다.
나는 아침 회의에서 스팍스의 소설에 대한 이야기를 꺼냈다.
"이게 그분의 생애를 쓴 소설인데요."
내가 환자에 대해 이야기를 하자 담당 의사였던 닥터 존슨은 자기도 스팍스 씨에게 심각한 정신과적인 문제가 있다고 생각하지 않는다고 했다.

"작은 일로 결국 종신형이 된다면 나라도 자살을 시도했을 겁니다."

닥터 존슨이 제안했다.

"우리가 이 책을 출판해 주면 어떻겠습니까."

우리는 사회복지사에게 위임해서 인디애나대학의 출판사에서 책을 출판해 주기로 했다. 그가 병원에 온 지 거의 5주가 되었고, 교도소로 다시 돌아가야 하는 2주 후 월요일에 깜짝파티를 해줄 예정이었다. 우리는 그를 놀라게 해주려고 출판에 대한 말을 일절 하지 않았다.

당시 나는 수간호사였기 때문에 주말 근무를 하지 않았다. 그런데 토요일 밤근무를 하게 될 간호사 메리가 집에 갑작스러운 일이 있어 올 수 없다고 전화를 했다. 그래서 내가 대신 토요일 밤 10시 반에 근무하러 나갔다. 데이 룸(환자들이 휴식을 취하고 활동하는 방)에 가니 스팍스 씨가 혼자 기타를 치고 있었다.

"늦었는데 왜 아직 안 자고 있어요?"

그가 나를 보더니 놀라며 물었다.

"수지, 당신은 오늘 근무가 아닌데 왜 나왔어요?"

나는 그와 잠시 몇 마디를 주고받고 나서 "이제 자야 할 시간이

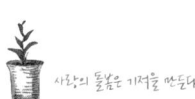

니 자러 가라"고 그를 병실로 들여보냈다. 그 환자의 방은 복도에서 제일 끝에 있는, 두 사람이 함께 사용하는 병실이었다. 정신과 병동에서는 수시로 각 방을 돌아다니며 점검을 한다. 남자간호조무사인 팀(Tim)이 병실의 물품을 점검하고 내가 자정에 병실을 돌때까지는 아무 이상이 없었다. 그는 침대에서 얌전히 자고 있었다. 새벽 1시 반경 다시 그 방에 들어갔을 때, 그는 여전히 침대에서 자고 있었다. 아무 이상이 없는 것을 확인하고 문을 나서는데 왠지 느낌이 썰렁했다. 다시 등을 돌려 방 안을 자세히 둘러보니 창문이 열려 있었다.

'이상하다. 사람이 자고 있는데….'

침대로 가까이 가서 보니 환자가 아니었다. 베개 위에 이불을 덮어 놓아 마치 사람이 자는 것처럼 만들어 놓은 것이었다.

'아, 어떻게 이런 일이!'

순간 나는 아무 생각도 나지 않았다. 방에서 급히 뛰쳐나와 슈퍼바이저에게 전화를 했다. 슈퍼바이저는 놀라서 어쩔 줄 모르는 나를 안심시키며 오히려 걱정하지 말라고 위로했다.

"수지, 아무 걱정하지 말고 내가 연락할 때까지 기다리고 있어요."

나는 즉시 사건경위서를 쓰고, 안절부절 어찌할 바를 모른 채 지시가 오기만을 기다리고 있었다. 새벽 4시쯤 슈퍼바이저로부터 다시 전화가 왔다.

"6시에 닥터 존슨과 함께 갈 테니까 그때까지 기다리고 있어요."

나는 전화를 끊고 애가 탔다.

'6시까지 기다리라니!'

이렇게 큰 사고가 났는데도 6시까지 아무 조치도 취하지 않고 기다리고만 있으라는 말을 나는 도저히 이해할 수가 없었다. 새벽 6시가 되자 슈퍼바이저와 닥터 존슨이 왔다. 그들은 사색이 되어 있는 나를 진정시키느라 애를 썼다. 내 근무 시간에 그런 일이 발생했는데 어떻게 내가 걱정하지 않을 수 있겠는가. 여전히 두려움에 떨고 있는 나를 보고 닥터 존슨이 이렇게 말했다.

"수지, 스팍스 씨가 쓴 소설 『하이웨이』를 기억하고 있어요?"

그는 환자가 쓴 소설의 내용을 시를 읊듯이 천천히 말하기 시작했다.

"주인공이 교도소에서 도망을 친다. 인디애나에서 4시간을 가면 캐나다 국경이 나타난다. 그는 국경을 넘는다. 자유의 몸이 된 그는 원시림이 우거진 숲 속으로 들어간다. 숲 속에 통나무집을 짓고, 농사를 지으면서 새사람으로 살아간다."

닥터 존슨은 나를 보며 말했다.

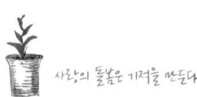

"수지, 소설 끝에서 주인공이 농사를 지으며 좋은 일 하면서 사는 것 기억나지요?"

"네, 그랬어요."

"아마 스팍스 씨도 그렇게 살 것입니다."

의사는 팔목을 들어 자기 시계를 보며 말했다.

"내가 왜 6시까지 기다리라고 했는지 알아요?"

그리고 손가락으로 시곗바늘을 가리키며 씩 웃었다.

"지금쯤이면 그가 캐나다 국경을 넘었을 거야."

마음속에 뜨거운 감동이 일었다. 그러니까 닥터 존슨은 스팍스 씨가 국경을 넘을 때까지 일부러 기다려준 것이었다.

'아, 저 의사는 정말 환자를 사랑하는 사람이구나.'

나는 닥터 존슨, 35살밖에 안 된 젊은 미국인 의사에게서 정말 큰 것을 배웠다. 그는 진심으로 환자를 배려하고 사랑하는 의사였다. 아니 그는 진정으로 사람을 살리는 것이 어떤 것인지 아는 의사였던 것이다.

간호학의 명문, 보스턴 대학에 입학

1975년 7월 중순에 보스턴에 있는 남편으로부터 전화가 왔다.

"여보, 기쁜 소식이 있어요."

남편이 간호학의 명문인 보스턴대학에 가서 나의 박사학위 과정을 알아봤는데 학과장이 서류를 가져와 보라고 했다는 것이다. 박사과정은 이미 4월에 원서 접수가 끝난 상태인 것을 아는 나로서는 믿을 수가 없었다.

"거긴 벌써 6월에 합격자 발표까지 했는데…."

"그러니까 기쁜 소식이지요. 학교에서 당신 서류를 가져오라고 했으니 접수가 잘 되도록 그동안 기다리며 열심히 기도하고 있어요."

"당신이 어떻게 서류를?"

남편은 나 모르게 모든 서류를 미리 준비해놓고 직접 학교까지 찾아가서 알아본 것이었다.

얼마 후 보스턴대학에서 9월 1일에 면접하러 오라는 연락이 왔다. 나는 8월 말까지 일을 끝내고 곧장 가방을 챙겨 보스턴으로 갔다. 면접을 하기 위해 이튿날 학교에 가니 그저 단순한 면접이 아니라 '입학시험'이었다. 첫 번째 정신과 교수가 먼저 내게 "정신과 간호학의 최근 경향에 대해 말해보라"고 했다. 그 내용은 바로 얼마 전에 내가 블루밍턴병원에서 강의한 것이었다. 그러니 얼마나 대답을 잘했겠는가! 나의 대답에 교수는 입을 딱 벌렸다.

"OK!"

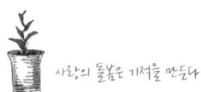

다음 교수에게 갔다. 두 번째 교수가 질문을 했다.

"당신은 이 공부를 해서 앞으로 어떻게 하겠느냐."

일단 첫 번째 시험을 통과하자 자신감이 생겨서 나의 생각을 조리 있게 말할 수 있었다.

마지막 인터뷰는 연구방법론을 가르치는 사회학 교수였다.

"유사실험 연구설계Quasi-Experimental Research Design에 대해 설명하고 예를 들어보세요."

퀘자이Quasi라고 하는 영어의 발음조차 생소했던 나는 당황했다. 그러나 나는 교수에게 부탁했다.

"그게 뭔지 잘 모르겠으니 설명을 좀 해주십시오."

그러자 교수는 신이 나서 30분이 넘도록 내게 자세하게 설명을 해주었다. 그리고 시험 보는 학생이 교수에게 설명을 요청하는 것은 처음 겪는 일이라고 했다.

후배와 함께 박사과정

결과적으로 입학 허가가 떨어졌고, 공부를 시작할 수 있게 되었다. 그러나 한국에서의 석사학위는 인정할 수 없으니 석사과정으로 들어오라고 했다. 너무나 실망스러워서 항의를 하자 "한 학기 동안 공부하는 것을 보고 결정하겠다"고 했다. 한 학기 동안 잘하면 박사과정으로 인정해 주겠다는 뜻이었다. 그러니 죽어라고 공부를 할 수밖에 없었다. 학교에 입학하고 보니 연세간호대학에서 조교로 근무하던 안면이 있는 후배 학생이 이미 박사학위 공부를 하고 있었다. 이미 연세대학에서 석사학위를 가진 그는 보스턴 대학에서 다시 석사과정을 마치고 박사과정을 밟고 있었다. 반가웠다.

첫 번째 숙제가 나왔는데, 숙제의 뜻도 잘 몰라서 고민 고민을 해가며 한 달 반 만에 숙제를 마쳤다. 그러나 채점한 것을 보니 온통 빨간 펜으로 고쳐져 있었고, 점수는 25점이었다.
'아, 나는 박사학위는 할 수 없겠구나.'
페이퍼를 받아들고 얼마나 좌절했는지 모른다. 그날 저녁 박사과정 중에 있는 후배 격인 그 학생이 나에게 전화를 했다.
"선생님, 이번 숙제 몇 점 받으셨어요?"
"형편없어."
그래도 명색이 한때 교수였는데 자존심이 상했다.
"10점 받으셨어요?"
"그것보단 높아."
"그럼 15점?"

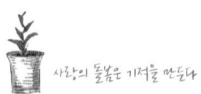

점수를 말해주고 싶지 않았는데 그는 꼬치꼬치 내 점수를 물었다.

"더 높아."

그러자 그가 웃으며 말했다.

"그럼 뭘 걱정하세요? 저는 12점 받았어요."

그리고는 미국 학생들한테 가서 물어보라고 했다.

다음 날 다른 학생들에게 물어보니 정말 7점을 받은 미국 학생도 있었다. 거기다 내 점수가 제일 높았다. 그 이론 과목을 가르치는 교수 이름이 하디Hardy였는데 '닥터 하디 코스'는 너무 '하드하다'(어렵다)는 소문이 나 있었다.

남편이 깨지 않도록 화장실 변기에 앉아 밤새 불을 켜고 공부를 하며 첫 학기를 마치고 나니 자신감이 생겼다. 학교에서도 다행히 한국 석사학위를 인정해 주면서 박사과정을 공부할 수 있도록 허락해 주었다. 그리고 미 국무성에서 주는 특별장학금도 받게 되었다. 사실 나는 미국 시민도 아닌데 장학금을 받게 된 것이다. 뿐만 아니라 지난 학기의 학비도 환불해주고 닥터 하디의 조교가 되어 조교 수당까지 받게 되었다. 이 모두가 참으로 기적 같은 일들이었다.

한국 간호학 박사 1호 탄생

장학금을 받자 그간 MIT대학 원-베드룸 기숙사에서 살던 우리 가족은 유대인들이 사는 동네의 투-베드룸 아파트를 얻어 이사를 하였다. 당시 남편과 나는 미국에서 공부하고 빠듯하게 살면서도 장학금을 받아 시댁과 친정에 거르지 않고 생활비를 보내줄 수 있었다. 나는 졸업할 때까지 장학금을 받았는데 졸업과 동시에 그 장학금 제도가 없어졌다. 돌이켜 생각해보면 박사과정 입학생 심사가 이미 끝났음에도 불구하고 왜 내 서류가 접수되었는지, 그리고 무슨 이유로 세 명의 교수와 면접한 후에 그 자리에서 입학허가를 받게 되었는지 그 이유도 알지 못한다(세 교수 역시 '우리가 왜 그 시점에서 그 학생을 면접해야 하는지 모르겠다'며 투덜댔다는 말을 나중에 들었다). 2년 8개월 후 간호학 박사학위를 받게 되었을 때 장학금 제도가 때를 같이 해서 끝난 것도 이해할 수 없었지만, 나는 우리가 받은 교육을 바탕으로 다른 사람들을 섬기는 일을 하게 하는 하나님의 특별한 섭리라고 믿었다.

드디어 1978년 5월 졸업식에서 나는 박사학위를 받았다. 입학 동기가 모두 6명이었는데 박사학위 졸업생은 나 혼자였다. 그간 내가 병원에서 쌓은 실무경험이 논문작성에 큰 도움이 되어 박사

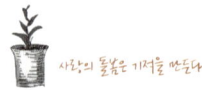

과정을 빨리 마칠 수 있었다. 졸업식에서 석사학위 수여자는 200명, 박사학위는 나 혼자밖에 없었다. 마치 하늘 꼭대기까지 올라간 듯한 기분이었다. 우리나라에서는 내가 간호학 박사 1호라며 신문마다 크게 보도되었다.

박사학위를 받은 후 나는 연세대학교의 교수로, 남편은 한국개발연구원 KDI의 수석연구원으로 제의를 받고 함께 한국으로 돌아왔다. 귀국 후 의과대학 강당에서 내 박사학위 논문을 주제로 강의를 하게 되었다. 당시 연세대학 전산초 간호대 학장은 국내 최초의 간호학 박사를 자랑하고 싶어서 의사들에게 초청장을 보내는 등 대대적인 홍보를 하였다. 그런데 강의시간인 오후 2시가 다 되었는데도 의사들은 서너 명밖에 오지 않았다. 250석 좌석에 교수들과 병원 간호사 등 40~50명만이 앉아 있어서 강당이 썰렁했다.

강의가 시작되자 가운을 입은 의사들이 한 사람씩 들어오기 시작했다. 의사들은 의자에 앉지도 않고 팔짱을 낀 채 서서 강의를 지켜보았다. 통증을 경감시키는 유사실험연구 박사학위 논문 발표가 끝나자 통증클리닉 센터장인 노 교수님이 손을 들더니 제안했다.

"우리 의사들은 서술 통계 정도밖에 안 쓰는데 박사님은 고급

통계를 쓰셨군요. 앞으로 같이 연구했으면 좋겠습니다."

그걸로 나의 강의에 대한 의혹과 불신은 모두 사라졌다. 그 뒤로 내가 병실에 나가면 사람들이 손으로 나를 가리키며 수군댔다.

"간호학 1호 박사래."

주위 사람들은 우리 부부가 운이 좋았다면서 특히 체신고등학교 출신인 남편이 극동방송 부사장을 거쳐 박사학위를 받고 KDI 연구원, 카이스트와 고려대 교수 등을 지내자 그 비결이 뭐냐고 물어 왔다. 그때마다 남편은 단지 현재에 최선을 다하며 살아왔을 뿐이라며 늘 PCC를 강조했다.

PCC는 스스로 약속하고 Promise, 약속한 것에 헌신하고 Commitment, 그 일에 집중하면 Concentration 결실을 얻는다는 것이다. 나 역시 마찬가지다. 순간순간 최선을 다한 것밖에 없었다. 주어진 시간에 최선을 다해서 하는 일에 열심을 내다 보니 어느새 목표 지점에 가 있게 된 것이고, 이는 전적으로 하나님의 은혜라고 믿는다. 사람들은 지금 현재 하고 있는 일보다는 내일에 초점과 관심을 갖는 경향이 짙다. 그러나 내일보다 지금 이 시간, 현재 하고 있는 이 일을 하기 위해 태어난 것처럼 최선을 다해야 한다. 자기 일에 최선을 다하는 사람의 모습이야말로 가장 아름답다.

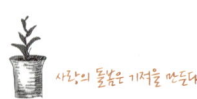

시어머니를 살린
사랑의 간호

엄마를 살려달라고 매달리던 소녀

환자들은 생명이 얼마 남지 않았다는 것을 알게 되면 어느 시점에서 협상을 시도한다.

'하나님, 나를 살려주시면….'

그런데 환자가 혼자 씨름하면 외롭고 힘들어 금방 포기하게 된다. 그러나 가족과 친지들, 주위 사람이 힘을 불어넣어 주면 환자에게 기운이 생긴다. 이 기간에는 환자를 더 정성스럽게 사랑해주는 게 중요하다. 그리고 절대 쉽게 포기하지 말고 꾸준히 돌봐주는 것이 중요하다.

1972년 하와이 호놀룰루의 한 병원에서 간호사로 근무할 때였다. 내가 담당했던 여자 흑인 환자가 간암 말기여서 복수가 심하게 차고 살 가망이 거의 희박했다. 의사는 한 달을 넘기기 힘들다고 말했다. 이혼한 그녀에겐 12살 된 딸이 있었는데, 학교가 끝나면 매일 병원으로 달려와 우리에게 매달리며 자기 엄마를 꼭 살려달라고 사정을 했다. 그는 "우리 엄마 살려내라"고 시도 때도 없이 붙들고 늘어지며 무작정 떼를 썼다.

어느 날 나는 그 소녀에게 메모지 한 장을 주며 엄마가 살아야 할 이유 10가지를 써보라고 했다.
'나는 이 세상에 엄마밖에 가진 게 없다.'
소녀는 종이에 1번부터 10번까지 이 말만 반복해서 썼다. 그 아이에겐 가진 것이 어머니밖에 없다는 것이었다. 순간 내 마음에 강한 감동이 왔다.
"네가 열심히 기도하고 우리도 최선을 다하면 하나님이 엄마를 살려주실 수도 있을거야."

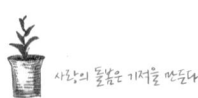

간호사가 된 그 소녀

아침 집담 회의에서 내가 소녀의 이야기를 꺼냈다. 소녀의 절박한 마음에 다른 스태프들도 모두 감동을 했다.

"그 아이의 소원은 오직 엄마가 사는 것이니, 우리가 그렇게 되도록 최선을 다해 봅시다."

그러자 주치의를 비롯하여 다른 사람들도 "아이의 소원이 사실이 되도록 함께 기도하자"고 했다. 우리는 최선을 다해서 소녀의 엄마를 보살폈다. 이때부터는 그 아이가 귀찮게 여겨지지 않았다.

"하나님은 우리의 기도를 들어주시는 분이란다. 네가 열심히 기도하고 최선을 다해 엄마를 기쁘게 해드리면 살아날 수 있어. 우린 절대 포기하지 않으니까 엄마에게 힘과 용기와 희망을 주어서 엄마가 혼자가 아니라는 것을 알게 해주렴."

아이는 시키는 대로 최선을 다해서 엄마를 보살폈다. 엄마를 매일 기쁨으로 대하고 용기를 주었다.

"엄마는 나를 위해서 살아야 해."

"나는 엄마가 필요해. 엄마가 산다고 마음먹으면 살 수 있어."

"이 음식이 엄마에게 기운을 주고 힘이 나게 해줄 거야."

불과 한 달도 넘기지 못할 것이라던 소녀의 엄마는 한 달, 두 달을 넘어 상태가 좋아지면서 퇴원을 했다. 결국 그 환자는 딸의 소망대로 완쾌되어 정상적인 생활을 하게 되었다. 딸이 희망을 불어넣어 주고 모든 의사와 간호사들이 격려해주는 것이 소녀의 엄마에게는 그 어떤 항암제보다 큰 힘이 되었던 것이다. 나중에 그 어린 소녀가 간호사가 되었다는 소식을 듣고 나는 너무나 기뻤다.

며느리가 잘못 들어와서 시어머니가 죽게 생겼대요

"더 이상 가망이 없습니다."
의사는 고개를 저으며 더 이상 손을 쓸 수 없다고 말했다.
"암세포가 이미 뇌 전체로 전이되었습니다."
안암(眼癌) 말기였던 시어머니의 암세포가 뇌까지 온통 번져서 얼마 살지 못한다고 했다.
"그래도 수술이라도 한 번 받게 해주십시오."
"너무 늦었습니다. 이젠 수술해도 소용없습니다."
의사는 가족들에게 집으로 모시고 가서 죽을 준비를 하는 게 좋겠다고 했다. 미국에서 부랴부랴 돌아와 결혼식을 올린 1966년이었다. 시어머니는 마시지도 먹지도 못하신 채 간신히 숨만 헐떡거리고 계셨다. 그러나 극심한 고통과 통증에 시달리면서도 너무도

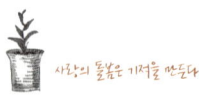

살고 싶어 하셨다. 우리 모든 자녀들은 할 수 없이 병원에서 시어머니를 모시고 나와 시골 고향집으로 모셨다.

이튿날 주일 아침이라 교회에 잠깐 다녀오려고 일찍 집을 나섰다. 기차 역으로 가는 길가에 우물이 있는데, 여자들 몇이 우물가에서 무엇인가를 씻고 있었다.

"바로 저 여자야!"

"며느리가 잘못 들어와서 시어머니가 죽게 생겼대요."

"착한 여자같이 보이는데 안 됐구만, 쯧쯧."

아주머니들이 우물가에서 나를 손가락질하며 수근거리는 소리가 고스란히 내 귀에 들어왔다. 그 말을 듣는 순간 나는 가슴이 덜컥 내려앉았다.

'뭐라고? 나 때문에 시어머니가 돌아가시게 생겼다니!'

얼마 전까지 미국에서 장학금으로 공부를 하고 있던 나는 "어머니가 위독하므로 빨리 들어와서 결혼식이라도 올려야 한다."는 남편의 말에 공부까지 중단하고 귀국했는데 오히려 며느리가 잘못 들어와 시어머니가 돌아가시게 생겼다는 말을 들으니 너무나 억울하고 기가 막혔다.

나는 교회에 가던 발걸음을 돌려 다시 집으로 돌아왔다. 그대로 교회에 갈 수가 없었다. 집으로 들어오자마자 시어머니가 누

위 계신 방으로 들어가 시어머니의 손을 움켜잡고 큰 소리로 울면서 기도했다.

"하나님, 우리 어머니 살려주세요!"

"우리 어머니 꼭 살려주셔야 합니다!"

나는 미친 여자처럼 떼를 쓰다시피 소리쳐 울면서 기도했다. 한참 울며 기도하고 있는데 내 손바닥에 무언가 움직임이 느껴졌다. 손가락 하나도 움직일 수 없었던 어머니가 간신히 검지 손가락으로 내 손바닥을 희미하게 두어 번 긁적거렸다. 어머니가 할 수 있는 유일한 표현이었다. 그리고 입술을 조그맣게 달싹거리며 무어라 말씀하시는 것 같았다. 어머니의 입모양을 보니 비록 목소리는 나오지 않았지만 "너 뭐하냐."고 묻는 것 같았다.

"어머니 살려달라고 하나님께 기도하는 거예요."

내가 어머니를 쳐다보며 말했다. 그러자 순간 어머니의 눈에서 눈물이 주르르 흘러내렸다.

"고맙다."

이번에도 목소리는 나오지 않고 입술만 간신히 움직였지만 분명히 '고맙다'는 말씀이었다.

어머니, 이걸 드셔야 기운이 나서 사십니다

나는 어떻게 해서든지 기어코 어머니를 살려내리라고 마음먹었다.

"하나님, 꼭 살려주셔야 합니다."

"살려주시지 않으면 안 됩니다."

친정에서 반대하는 결혼이었는데 시어머니까지 돌아가시면 어떻게 되겠는가라는 생각에 사생결단으로 기도하면서 시어머니를 간호했다.

"어머니는 꼭 살아나셔야 합니다."

나는 시어머니 옆을 한시도 떠나지 않고 붙어 있으면서 지극정성으로 돌보기 시작했다. 처음에는 물 한 모금 먹이는 것부터 시작했다.

"어머니, 이거 드셔 보세요."

시어머니는 물만 마셔도 모두 토해냈기 때문에 고개를 저었지만 나는 억지로라도 물을 한 모금씩 입에 흘려 넣어주었다.

"어머니가 이걸 넘기셔야 살 수 있어요."

물을 먹일 때마다 살아야 한다고 말했다. 미음을 먹여드릴 때는 못 먹는다는 시어머니에게 왜 잡수셔야 하는지를 설명했다.

"어머니, 이걸 드셔야 기운이 나서 사십니다."

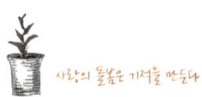

음식이란 게 억지로라도 한번 먹으면 또 당기게 되어 있다.

"음식이 잘 흡수되는 상상을 해 보세요."

시어머니를 잘 달래서 드시게 하였더니 정말 토하지 않았다. 한 숟가락, 또 한 숟가락 떠먹여 드릴 때마다 시어머니에게 잡수셔야 하는 이유를 설명했다.

"어머니, 꼭 사셔야 합니다."

물 한 모금도 마시지 못하시던 시어머니는 거짓말처럼 조금씩 음식물을 받아들이기 시작했다. 나중에는 죽 한 그릇도 너끈히 드실 정도가 되었고, 게다가 한 번도 토하지 않았다.

사람의 몸은 신기하다. 이 음식을 먹고 살아야겠다고 생각하고 먹으면 약이 되지만 '난 이거 먹으면 토해'라고 생각하고 먹으면 여지없이 토하기 마련이다. 나는 시어머니에게 음식을 드릴 때마다 "어머니는 꼭 살아야 한다"고 수없이 되뇌이며 힘을 주었다. 시어머니는 음식을 넘길 수 있게 되자 기운을 차리고 일어나 앉게 되었고, 차츰 말도 하셨다.

어머니는 말 잘 듣는 어린아이처럼 고개를 끄덕이다가도 통증이 찾아오면 갑자기 소리를 지르면서 하나님을 원망했다.

"네 하나님은 인정머리도 없고 어째 그리 악하냐? 고생고생해서 7남매를 전쟁 중에 기르고 이제 좀 따뜻하게 살려고 했는데, 하나님이 있다면 그 하나님은 너무 잔인한 분이다."

"날 살려내라. 날 살려내면 하나님을 믿겠다."

"어머니가 잘 드시고 운동하고 마음을 편안하게 먹으면 하나님이 꼭 고쳐주실 거예요."

우리 자녀들은 믿음을 가지고 매일매일 격려해 드렸다.

"어머니는 대단하신 분이세요!"

사람의 몸은 음식이 들어가면 씹고 삼키고 장이 움직이며 순환하게 되어 있다. 음식이 흡수돼 기운이 생긴다. 뿐만 아니라 옆에서 가족들이 희망과 용기를 주며 격려하면 환자는 소생하게 되어 있다.

시어머니 역시 마찬가지였다.

"나는 무식해서 아무것도 몰라."

"나는 산골에서 태어나 조실부모했고, 배운 것도 없고 죽지 못해 살았어."

시어머니가 이런 말씀을 하실 때마다 나는 시어머니의 훌륭한 점을 찾아서 칭찬해드렸다.

"어머니는 대단하신 분이세요. 어머니가 7남매를 얼마나 잘 기

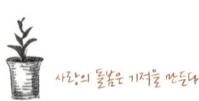

르셨는데요. 그것만 해도 대단하신 분이에요."

이것이 앞서 말한 돌봄 중에서 '알아봐 줌'에 해당하는 행위였다.

"이거 잡수세요. 그래야 저도 먹을 거예요."

"이거 드셔야 살아요."

그저 "이거 드세요" 하고 음식을 놓는 데서 그치지 않고 그 자리에서 먹여드렸다. 운동할 때도 옆에서 같이 걸어주었다. 이것이 '동참'에 해당하는 돌봄이다. 그리고 함께 생각을 나누었다.

"어머니, 이 맛은 좀 어떠세요?"

음식의 간이 맞게 하는 것은 환자에게 매우 중요하다. 환자는 싱거우면 음식을 잘 먹지 못하기 때문에 환자에게 맛이 어떤지 물어봐 간이 맞게 해줘야 한다. 어떻게 해서든 음식이 몸에 들어가 영양분이 흡수될 수 있도록 해주어야 한다.

또한 적극적인 경청이 필요하다. 시어머니가 말을 못하고 손가락으로 긁적거리며 입술만 들썩거릴 때도 무슨 말씀을 하려는지 잘 들으니까 그 뜻을 알 수 있었다. 이런 것들은 몸과 마음으로 잘 경청하지 않으면 알아들을 수 없는 소리다. 시어머니가 음식을 삼키면 칭찬을 해드렸다.

"어머니, 너무 잘 삼키셨어요."

"이제 어머니는 점점 건강해져서 완전히 나으실 거예요."

옆에서 작은 일도 칭찬하며 희망을 불어넣으면 환자는 스스로 감격한다. 사랑하는 가족들이 이렇게 옆에서 생각을 나누고 이야기를 하면서 시간을 나누면 환자는 힘을 얻는다. 나누면 없어지는 것이 아니라 없던 것이 도리어 생긴다. 꿈이 생기고 아이디어도 생긴다. 이것이 진정한 나눔이다.

또 희망을 불어넣어 준다. 시어머니는 기운을 차리게 되자 이렇게 말했다.

"내가 가을 농사 때까지만 살면 좋겠다. 그때까지만 내가 살 수 있도록 도와다오."

"어머니, 그때까지 얼마든지 사실 수 있어요. 그러니 이것 드시고 기운내세요."

시어머니는 정말 자신의 바람대로 몸이 회복되시면서 가을 농사 때까지 사셨다. 이때쯤 어머님은 하나님을 믿고 교회에 나가시기 시작했다.

시어머니는 또 다른 협상을 하셨다.

"내가 손자 볼 때까지만이라도 하나님이 살게 해주시면 좋겠다."

그때부터 시어머니는 내 배만 쳐다보면서 무슨 변화가 없느냐

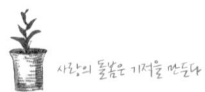

고 물으셨다.

"아가, 몸에 이상 없냐?"

나는 도리어 그것이 스트레스가 되어 임신이 되지 않았다. 시어머니는 내가 임신하기를 기다리는 3년 동안 신체적인 건강을 회복하셨다.

마침내 내가 첫딸을 낳았다. 시어머니는 아들이 아니라고 고개를 저었다.

"얘는 아냐. 나는 손자를 봐야 해."

삶의 협상내용이 또 달라졌다.

"내가 손자 녀석이 제 발로 걸을 때까지는 살아야 하지 않겠느냐."

"네가 날 살려냈으니 이제 네 아이들을 키워주마."

건강하게 18년을 더 사신 어머니

서울로 올라오신 시어머니는 우리와 한집에서 살면서 아이들을 지극정성으로 길러주셨다. 예전에 치료를 받았던 서울대학병원에 어머니를 모시고 갔더니 진찰을 하던 의사가 깜짝 놀라며 물었다.

"암세포가 감쪽같이 모두 없어졌는데 대체 무슨 일이지요?"

여러 가지 검사를 했는데 아무 이상이 없는 것으로 나왔다.

"기적입니다. 이건 연구감입니다. 나중에 돌아가시면 시신이라도 저희에게 주십시오."

이렇게 시어머니는 건강하게 18년을 더 사셨다. 그 이후부터 누가 암에 걸렸다고 하면 시어머니는 직접 미음을 쑤어 찾아다니면서 용기를 주었다.

"이거 먹어야 삽니다."

"나도 암에 걸려 죽을 뻔했는데 이렇게 살아났잖아요."

시어머니는 내가 했듯이 죽어가는 사람들을 찾아다니며 이렇게 희망과 용기를 주었다.

이 일은 비단 우리 시어머니에게만 일어난 일은 아니다. 다른 환자들도 마찬가지다. 가족들이, 그리고 의사와 간호사들이 환자에게 감동을 주면 변화가 일어난다. 환자에게 희망과 용기를 주고 환자 편이 되어주면 환자는 다시 소생할 힘을 얻는다.

36.5도 사랑, 간호

간호는 전인적 돌봄이다

간호학과 의학은 서로 초점이 다르다. 의학은 큐어(cure)이고, 간호는 케어(care)이다. 의학의 초점은 아픈 병소 부분이지만 간호의 초점은 그 병소로 아파하는 사람 전체이다. 의사는 병리적인 곳을 찾아내 진단하고 아픈 부위를 치료한다. 그러나 실제로 그 치료를 실행하는 사람은 간호사이다. 따라서 간호는 훨씬 포괄적이고 전인적이며 여기엔 심(心)·신(身)·영(靈)·관계가 다 포함된다. 그러기에 간호는 사람을 싫어하면 하기가 어렵다. 사람을 사랑하는 마음이 있을 때 헌신적으로 돌볼 수 있으며, 이러한 돌봄을 통해 환자가 회복되고 더 건강해질 수 있다.

환자를 간호할 때 대부분 같은 내용(과학적인 사실)을 똑같은 절차로 간호하는 경우가 많은데 사람마다 간호 양상이 달라야 한다. 간호는 과학인 동시에 맞춤형 예술이다.

환자에게 물을 먹일 때도 환자에 따라 다르게 해야 한다. 물론 약을 먹이는 과정도 환자마다 다르다. 숟가락으로 약을 녹여서 먹여야 하는 경우, 그냥 물로 마시게 하는 경우 등 상황에 맞추어 환자에게 가장 잘 맞는 방법을 찾아 적용하는, 그 자체가 예술이다. 이는 사람에 대한 열정과 경험, 사랑과 관심이 없으면 어렵다. 또한 주사를 놓더라도 그저 주사 놓을 줄 아는 것에 그치지 않고 예술적으로 즐겁고, 기쁜 상황을 연출하여 적소에 기분좋게 놔야 한다. 환자를 눕힐 때도 최대한 편안하고 기분좋게 눕혀야 한다. 또한 환자가 있는 환경도 청결하고 쾌적하게 만들어줘야 한다.

나는 학생들이 성의 없이 간호하는 것을 보면 화가 난다. 시간 맞춰 먹어야 하는 항생제를 "약 드세요" 하고 놔둔 채 그냥 나와 버리면 환자는 나중에 먹어도 되는 줄로 생각하기도 하고 먹지 않는 경우도 있기 때문이다. 또 환자들은 약이 수용성인지 지용성인지도 모르기 때문에 반드시 환자에게 약에 대해 설명해주고 약을 삼킬 때까지 지켜봐야 한다. 검사를 할 때도 환자의 입장에서 설명을 해서 안심시켜야 한다.

정신과 환자의 경우, 그 기분상태를 파악해서 즐겁게 해주는 것도 간호이다. 가령 환자가 비를 좋아한다면 왜 좋아하는지 묻고 비에 얽힌 이야기를 들어주는 것이다. 보통 사람들은 비를 싫어하는데 비 오는 날을 좋아한다면 그 사람은 반드시 비와 관련된 좋은 추억이 있기 마련이다. 환자가 그 이야기를 하는 동안은 삶의 질이 높아진다. 환자를 알아봐주는 것, 그것이 바로 전인적 돌봄이다. 의사는 병든 부분을 진단하지만 간호사는 병든 부분으로 고통받는 사람 전체를 본다.

'기분이 어떤가.'

'왜 얼굴을 찡그렸을까.'

'오른손잡이인가, 왼손잡이인가.'

간호사는 환자의 심리적, 영적, 사회적인 면까지 모두 관찰해서 전인적인 간호를 해야 한다. 어떤 음악도 하루아침에 작곡된 것은 없다. 수없이 생각하고 구상하고 연구하고 연습한 후에 탄생한다. 환자를 보살피는 돌봄 역시 환자를 연구하고 깊이 생각해서 그 사람에게 꼭 맞는 간호를 디자인하는 과학이자 예술이다.

간호사의 몸이 돌봄의 도구

외과의사는 실과 바늘을, 엑스레이 기사는 엑스레이 기계를 사용하지만 간호사는 자신의 몸 전체가 돌봄과 치료의 도구이다. 눈빛, 말 한마디, 손놀림 등 모든 태도가 사람을 돌보는 도구로 사용된다. 도구를 잘 쓰면 치료가 되지만 잘못 쓰면 더 상처를 받고 아플 수 있다. 환자를 볼 때 시선이 좋지 못하면 그 자체가 환자에게 불안과 긴장을 준다. 그러므로 작은 웃음 하나가 좋은 간호 도구가 될 수 있다.

간호학과에 입학한 학생들 중에는 처음부터 사명감을 가지고 온 사람도 있지만 졸업 후 취업을 목적으로 온 사람도 있다.

"저는 싫은데 취직이 잘 된다고 해서 억지로 왔어요."

나는 그런 학생들에게 "싫으면 지금 전공을 바꾸는 것도 방법"이라고 일러준다. 때로는 "아직은 간호학에 대해 잘 모르니까 일단 한번 해보고 그래도 안 되면 바꾸라"고 조언한다. 처음에는 억지로 들어왔지만 막상 실습을 시작하면서 재미와 보람을 느끼고 사람을 사랑하는 법을 배우는 경우도 많기 때문이다.

또 학교 강의실에서는 공부도 시원찮고 있는 듯 없는 듯한 학생이 실제 임상에서는 탁월하게 자신의 빛을 발하는 경우도 있다. 이런 학생을 볼 때마다 마치 보물을 찾은 것처럼 기쁘다. 대개 간호실습은 대학 2학년 말부터 하는데 이런 학생들은 금방 눈에 띄게 된다. 먼저 환자들이 금방 알아보고 칭찬을 한다.

"저 학생은 정말 잘하네."

그런 학생들은 자기가 할 일을 스스로 찾아서 한다.

"교수님, 저는 도저히 간호사를 하지 못할 것 같아요. 환자들이 토하는 것을 보면 비위가 상해요."

어느 날 한 학생이 내게 와서 심각하게 고민을 털어놓았다.

"실습을 나가서 보니까 간호사들이 그 토물을 아무렇지도 않게 치우던데 그것을 보고 나니 더욱 자신이 없어졌어요."

그 학생은 대학을 졸업하고 나서도 간호사를 싫어해서 취직을 하지 않았다. 그러던 중 자기 어머니가 심장병을 앓게 되자 병원에 모시고 다니게 되었다.

어느 날 그 학생이 나를 찾아왔다.

"제가 교수님 연구실에서 도와드릴 만한 일이 없을까요? 교수님을 돕고 싶어요."

나는 나를 도와주기보다는 병원에서 직접 한번 부딪쳐보라고 했다. 내 말대로 학생은 6개월 동안 월급없이 자원봉사를 했는데 처음에는 무척 힘들어했다. 그러나 막상 환자와 부딪치자 점점 보람을 느끼기 시작했다. 원래 내성적이고 조용한 성격이었던 학생은 일에 재미가 붙었는지 성격도 활발해지고 컨퍼런스를 하면 신이 나서 이야기도 제일 많이 했다.

"교수님처럼 저도 정신과 간호를 해보고 싶어요."

"일반 간호를 잘해야 정신과도 잘할 수 있는 거야."

나는 다른 병동도 경험해 보도록 권유했다. 이후 그 학생은 유학을 가서 간호학 박사학위를 받은 후 컬럼비아대학 외래교수가 되었고, 엠허스트 병원의 책임전문 간호사로 일하게 되었다. 그 학생은 지금도 이따금 내게 이렇게 말한다.

"교수님, 제가 간호학을 안 했으면 어떻게 되었을까요."

관계의 맛을 체험하는 간호

간호직은 다른 직업과 달리 '심리적 보상'이 많은 편이다. 다른 직업은 돈을 모으는 재미가 있지만 간호는 '관계의 맛'을 직접 보는 특별한 재미가 있다.

미국의 병원에서 일할 때, 두 눈을 수술한 안과 환자가 있었다. 안과 수술을 한 환자는 두 눈을 모두 가려놓기 때문에 전혀 앞을 보지 못한다. 이런 경우, 간호사가 모든 것을 다 해주어야 한다.

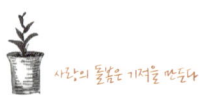

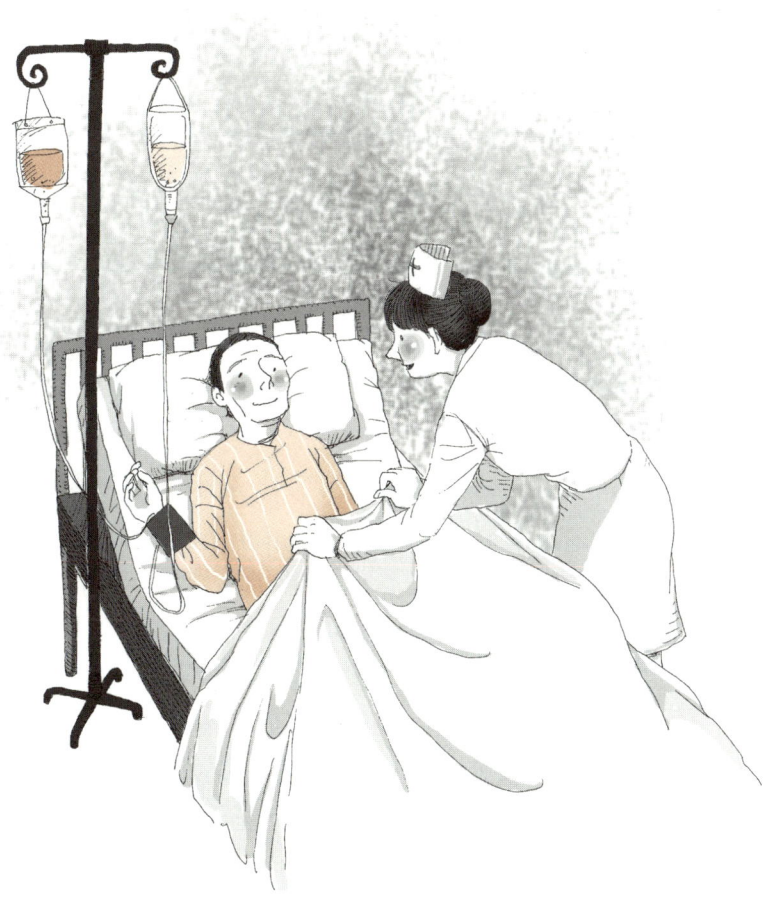

던건 씨는 내가 담당하는 환자였는데 그는 우리 아버지보다 나이가 많은 60대 노인이었다. 이 환자에게는 면회시간이 되어도 방문객이 없었다. 어느 날 내가 궁금해서 물었다.
"던건 씨는 가족이 안 계시나요?"
그는 자식이 없고 부인이 교사라 주말밖에 올 수 없다고 대답했다.
"그러면 제가 와서 좀 도와드려도 될까요?"
"감사합니다."
나는 복도 끝에 있는 그 환자의 방에 가서 이야기도 해주고 병에 대해 설명도 해주었다. 환자는 내가 아침에 가면 성경말씀도 읽어달라고 했다. 그렇게 나는 2주 동안 그의 가족 노릇을 했다. 오후에도 병실에 가서 환자의 요청에 따라 성경을 읽어주고 함께 기도도 했다.

다음 주말이었다. 병원에 출근했는데 데스크에 아름다운 데이지 꽃다발이 놓여 있었다. 엄청나게 커다란 꽃다발이었다.
"어머나, 너무 예쁘다."
내가 감탄을 하자 옆의 간호사가 웃으며 말했다.
"이 꽃은 수지 너를 위한 꽃이야."
내가 돌봐주던 그 안과 환자의 부인이 데이지 꽃을 한 아름 사

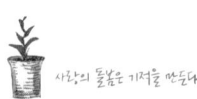

가지고 왔다는 것이다. 로비에 가니 부인이 나를 기다리고 있었다.

"정말 고마워요."

부인은 내 손을 잡고 눈물까지 글썽이며 말했다. 가족도 없이 두 부부만 살아서 주중에는 아무도 올 수가 없는데 내가 가족 노릇을 해주어서 너무 고맙다고 했다. 얼마 후 환자는 완전히 회복되어 퇴원을 했다. 그리고 얼마 후 연락이 왔다.

"수지, 이번 추수감사절 때 당신을 꼭 초청하고 싶으니 우리 집에 와주세요."

초대를 받고 환자가 사는 마을에 가니 그가 출석하던 교회의 교인들이 모두 나를 알고 있었다. 금요일부터 교회 사람들이 찾아와서 인사를 했다.

"한국의 간호사인 당신이 병원에서 무척 잘해줬다는 이야기를 들었습니다."

그리고 주일날 교회에 나오라고 했다. 주일날 교회에 가보니 교회 입구에 아치형으로 커다란 현수막이 걸려 있었다.

"웰컴! 수지 킴"

현수막을 보는 순간 감동이 일었다. 그 마을에 한국 사람이 온 것이 내가 처음이라고 했다. 예배를 마치고 돌아오려는데 커다란 가방 두 개에 쿠키, 케이크, 빵 등 교인들이 각자 정성껏 준비한 선물들을 넣어주었다. 부인은 자신이 사용하던 귀한 브로치를 내게 선물로 주었다. 눈물이 났다. 나는 한국에 와서도 그 부부와 계속 편지를 주고받았다.

간호직은 감동을 주기에 충분한 직업이다. 그래서 간호사의 자녀들도 간호사가 되는 사람이 많다. 내 딸 역시 간호학을 선택했는데, 대학 진로를 정할 때 학교에서는 성적이 좋은 딸에게 의과대학에 가라고 강력히 권유했다. 그러나 딸은 끝까지 간호학을 하겠다고 고집을 부렸다. 예전의 나처럼. 마침내 학교에서 나를 오라고 했다.

"왜 아이에게 간호학과에 가라고 강요하십니까?"

나는 딸에게 간호학을 권유하거나 강요한 적이 없었다. 오히려 나는 딸아이가 미술에 취미가 있고 재능이 있어서 미술대학에 가기를 원했다. 그러나 딸은 미술은 취미로 하고 싶다고 했다. 결국 딸은 자신의 바람대로 간호학을 택해서 모성학을 전공한 후 학교에서 학생들을 가르치고 있다. 딸은 자신의 선택에 지금 너무도 만족하고 있다.

좋은 간호의 3가지 조건

간호는 정직하다.

사람의 몸은 정직하므로 지성으로 간호를 하면 환자의 몸은 좋아지게 되어 있다. 아니, 좋아질 수밖에 없다.

사람의 몸은 건강관리를 잘하면 병에 잘 안 걸리고, 병들어도 관리를 잘해주면 빨리 회복된다. 그러므로 간호를 잘했는지 안 했는지는 몸의 상태를 보면 알 수 있다. 의식불명 상태의 환자는 자신의 힘으로 돌아누울 수가 없어 혈액순환이 안 되기 때문에 매시간 체위를 바꿔줘야 한다. 그러나 밤당번 간호사가 귀찮다고 안 바꿔주면 몸이 짓눌려 욕창이 생기는 등 금방 몸에 증세가 나타난다.

그러므로 간호는 사람을 사랑하는 마음이 먼저 있어야 잘할 수 있다. 간호는 사람을 싫어하면 할 수 없는 일이다. 사랑이 최고의 간호이고 치료약이다.

"환자를 사랑하라"고 하면 학생들이 이렇게 묻곤 한다.

"어떻게 환자를 사랑해요?"

"환자들을 나 자신이나 가장 사랑하는 가족이라고 생각을 해봐."

"그렇지만 사랑하려고 해도 막상 어떻게 해줘야 할지 모르겠어요."

학생들은 사랑하는 것을 너무 어렵게 생각한다. 환자들에게 '뭔가 해줘야 한다'고 생각하는 것이다. 그러나 환자들에게는 그저 같이 있어주는 것만으로도 충분하다.

"같이 걸어도 될까요?"

"이야기하고 싶은 거 있으면 이야기하세요."

같이 걸으면서 이야기하는 것, 이것도 사람을 돌보는 구체적 행위이다. 사랑은 친해지는 것이다. 나는 정신질환자들과 지내다 보니 바둑도 두고 당구도 친다. 모두 그들과 함께 지내면서 배운 것이다. 사랑으로 도와주려는 마음이 있으면 아이디어도 생긴다.

세상에 공짜는 없다. 상대방에게 잘해주면 그건 바로 내 기쁨이 된다. 사랑할수록 내가 기쁘니까. 앰뷸런스에 실려 피 흘리며 다 죽어가던 사람이 고맙다고 웃으며 나갈 때, 환자들이 진심으로 고맙다고 하며 병원 문을 나설 때 보람을 느낀다.

간호는 세심해야 한다.

아무리 사랑이 있어도 세심하지 않으면 환자의 필요를 알 수가 없다. 간호는 그저 의사를 도와주는 역할만이 아니다. 의사는 잠깐 동안만 환자를 보지만 간호사는 환자를 곁에서 길게 지켜보는 일을 한다. 독자적인 분별력을 가지고 증상을 찾아내고, 상태를 수시

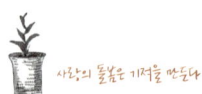

로 파악하고 세심하게 점검하고 그에 반응해서 도와주고 보살피는 것이다. 환자의 얼굴 색깔이 어떤지, 눈이 충혈되었는지, 열이 있는지 없는지 등을 세심하게 지켜봐야 한다.

환자의 맥박이 빨라지면 그냥 지나치지 말고 왜 맥박이 빨라지는지 꼼꼼하게 따져보면서 여러 가지 증상을 봐야 한다. 이상한 증상을 미리 찾아내는 것이 중요하다. 간호사들이 이런 것들을 체크해서 차트에 써놓지 않으면 환자의 상태를 알기가 어렵다. 간호에 따라 환자는 삶과 죽음 사이를 오가므로 간호사는 늘 긴장한 상태로 세심하게 보살펴야 한다.

간호직은 내 몸, 내 마음을 가지고 다른 사람을 살려줄 수 있는 직업이다. 이것은 다른 직업과 다르다. 내 온몸과 마음을 쏟는, 그야말로 혼신을 다해 온몸으로 내게 맡겨진 사람을 섬기는 직업이다. 간호는 그 순간순간이 절실하고 중요하다. 가장 급박하고 긴급성이 있는 직업이고, 삶과 죽음의 갈림길에서 최선을 다하는 직업이기에 의미가 있고 더욱 아름다운 직업이라 생각한다.

호스피스는 어려운 일이 아니다. '저 사람 입장에서 가장 힘든 게 뭘까.' 환자의 입장에서 생각해보는 것이다. 가령 샤워를 시키고 무슨 옷을 입고 싶은지 물어봐 주는 것도 좋은 방법이다. 멀쩡한 사람도 환자복을 입히면 기운이 빠지고 아픈 법이다. 죽어가는 사람이지만 자기가 입고 싶은 옷이 있게 마련이다. 아침에 일어나면 환자에게 물어봐서 입고 싶어 하는 옷으로 갈아입혀 준다. 그 자체가 환자의 삶의 질을 높여준다.

간호는 공평해야 한다.

사람의 마음은 돈 있는 사람에게 가게 마련이다. 그러나 간호는 모든 대상자를 똑같이 평등하게 대해야 한다. 정의로워야 한다. 누워 있는 마비환자에게 한 번 가는 것과 두 번 가는 것은 다르다. 또 환자가 움직이기 싫어한다고 해서 내버려두면 안 된다. 내가 귀찮다고, 환자가 귀찮아한다고 해야 할 것을 안 하는 것은 옳지 않다. 간호사는 윤리적으로 순간순간 옳은 결정을 내리고 분별력 있게 행동해야 한다.

미국의 노인 병동에서 근무할 때, 환자 중에 심장병 수술을 한 환자가 있었다. 그 환자는 나를 항상 '선샤인'이라고 불렀다. 성격이 까다로운 그 환자는 다른 간호사는 싫다며 오로지 나만 자기를 간호하게 해달라고 했다. 그리고 수시로 나만 찾았다. 자기를 진심으로 간호해주는 사람은 나뿐이라고 했다.

어느 날 아침에 목욕을 시키는데 환자가 애원했다.

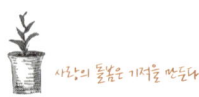

"수지, 오늘은 하루 종일 나를 떠나지 말고 곁에 있어줘요."

"잠시 후 다른 환자를 컨퍼런스에 데려다 주어야 하기 때문에 계속 있기는 곤란한데요."

내가 환자에게 아무리 설명을 해도 그날따라 "안 된다. 내 옆에 있어야 한다"고 떼를 썼다.

"그럼 제가 환자를 얼른 데려다주고 다시 오도록 할게요."

나는 환자를 달래서 목욕을 시키고 난 후 병실을 나왔다. 그리고 10시에 다른 환자를 컨퍼런스에 데려다 주고 막 문을 나서는데 응급사건이 생겼음을 알리는 '코드 500'의 방송이 흘러나왔다. 왠지 느낌에 그 환자인 것 같았다. 불길한 마음에 병실로 달려갔다. 예감대로 자신 곁을 떠나지 말아 달라고 하던 바로 그 환자에게 심장마비가 온 것이다. 말할 수 없는 죄책감이 생겼다.

그날 밤 꿈에 그 환자가 흰옷을 입고 나타났다.

"수지, 죄책감을 느낄 것 없어요. 나는 편안히 잘 왔어. 내일 아침 내 동생이 너를 찾아갈 거야. 내가 뭘 남겼는데, 잘 받아주었으면 좋겠다."

다음 날은 쉬는 날이었다. 학교에 가서 수업을 마치고 돌아오니 기숙사의 사감이 어떤 여자가 놓고 갔다며 봉투를 전해주었다. 봉투 속에는 십자가에 다이아몬드가 박힌 목걸이가 들어 있었다.

'친애하는 수지, 우리 언니가 당신에게 주려고 했는데 기회가 없어서 주지 못한 것이에요. 땡큐.'

나는 환자의 마지막 길에 옆에 있어주지 못해서 마음이 안타까웠지만 그래도 어느 정도는 죄책감에서 벗어날 수 있었다.

사람이 있는 곳은 어디나 간호 현장

간호는 병실에서만 할 수 있는 것이 아니다. 간호는 어디서나 할 수 있다. 동서, 오대양 육대주, 내국인이든 외국인이든 흑인이든, 백인이든, 사람이 있는 곳은 모두 간호 현장이라고 할 수 있다. 이런 면에서 간호학은 실용과학이다. 그래서 나는 간호가 좋다. 간호는 아픈 사람뿐만 아니라 건강한 사람을 포함한 남녀노소 모두를 대상으로 한다.

오래 전 반상회에 참석했는데 한 새댁이 코맹맹이 소리를 했다.
"감기에 걸리셨나 봐요."
"네, 약을 먹었는데도 잘 안 낫고 있네요."
"며칠이나 됐어요?"
약국에서 약을 세 번 정도만 먹으면 감기가 나을 거라고 했는데

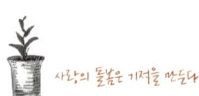

도 계속 미열이 있고 낫지를 않는다고 했다.

"혹시 생리는 언제 했어요?"

"생리요? 지난달 초에 했으니까…"

새댁은 머릿속으로 마지막 생리 날짜를 더듬기 시작했다.

"어머, 그러고 보니 예정일에서 벌써 2주가 지난 것 같네요."

나는 혹시 임신일지 모르니 병원에 가보라고 했다. 다음 날 새댁이 우리 집에 찾아와서 정말 임신이라고 했다. 이후부터 반상회에 나가기만 하면 사람들이 내게 별의별 말들을 다 물어오곤 했다.

몇 년 전 세미나 참석차 유나이티드 에어라인 비행기를 타고 미국에 가는 중이었다. 비행기가 일본 상공을 날고 있었다. 기장이 안내방송을 했다.

"승객 여러분, 지금 왼쪽 창밖을 바라보세요. 후지산이 너무 아름답습니다."

창밖을 내다보니 구름 아래로 눈 덮인 후지산이 선명하게 내려다보였다. 그런데 갑자기 "승객 중에 의사나 간호사가 있으면 빨리 승무원에게 알려달라"는 기장의 다급한 목소리가 흘러나왔다. 나는 자리에서 벌떡 일어났다. 승무원을 따라 화장실 앞에 가니 백인 남자가 이마를 아래로 박은 채 쓰러져 있었다. 맥박을 짚어

보니 맥박이 좀 빨랐지만 호흡은 정상이며 특별한 증상은 없었다. 기절한 것 같았다.

"혹시 암모니아수 있어요?"

"없는데요."

"그럼 깬 얼음을 속히 갖다주세요."

나는 얼음조각을 남자의 얼굴에 뿌렸다. 잠시 후 남자가 깨어나며 자리에서 일어났다.

"혹시 당뇨 있으세요?"

남자는 없다고 하며 속이 메슥거리고 토하고 싶다고 했다. 내가 토하는 법을 가르쳐주자 그가 화장실에 가서 토하고 나왔다. 그가 진정을 하자 승무원이 자리를 마련해 놓았다며 우리를 일등석으로 데려갔다.

남자는 엔지니어인데 울산에 있는 현대중공업에 기술 자문으로 3개월 동안 근무하다가 미국으로 돌아가는 길이라고 했다. 전날 저녁에 동료들이 열어준 환송파티에서 먹은 오징어볶음이 체한 것이었다. 남자는 이제 살 것 같다며 내게 연신 고맙다는 말을 반복했다. 목적지에 도착해서 내릴 즈음 승무원이 내게 와서 고맙다는 말과 함께 자그마한 쇼핑백을 주고 갔다. 쇼핑백 속에는 샴페인 한 병과 5만 마일 마일리지가 들어 있었다.

최근의 일이었다. 휴스턴에서 시카고까지 가는 도중 비행기에

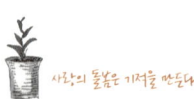

서 의사나 간호사가 있으면 알려달라는 방송이 나왔다. 자리에서 일어나 승무원을 따라가보니 흑인 여자가 화장실에 누워 있었다. 화장실에 갔는데 갑자기 하혈을 했다는 것이다. 혈압을 재보니 혈압은 괜찮았다. 유산기가 있는 것 같았다. 나는 일단 출혈부터 멈추도록 응급처치를 했다. 그리고 공항에 도착하자마자 병원에 갈 수 있게 앰뷸런스를 준비하라고 말해주었다. 이렇게 해서 다행히 환자는 적절히 치료를 받을 수 있었다. 그런 위급한 상황에서 내가 간호사이기 때문에 환자의 생명을 구할 수 있다는 것이 감사했다. 그러나 이런 내게 주위에서 충고를 한다.

"그렇게 함부로 나서지 마세요. 잘못하면 도리어 소송을 당할 수도 있어요."

사실 이런 이유로 응급상황이 발생하면 의사나 간호사가 자진해서 나서는 경우가 드물다고 한다. 미국에서는 응급조치가 잘못했을 경우 도리어 피소당할 수 있기 때문이다. 참으로 비정하다는 생각이 든다. 과학적인 지식에 근거한 적절한 간호와 소신 있는 전문 직업인의 자세가 전제되어야 한다. 나는 앞으로 이런 상황이 생기더라도 또 나서서 똑같은 행동을 취할 것이다. 응급간호가 바로 이러한 때를 위해 존재하는 것이 아니겠는가?

훌륭한 선생님 밑에서 좋은 배움을!

내가 이러한 간호의 기본 자세를 배운 것은 훌륭한 스승님들 덕분이다. 이 분들은 강의가 아닌 자신들의 삶으로 '간호'를 가르쳐주셨다. 여기서 몇 분만은 꼭 소개하고 싶다.

입학 당시 이영복 선생님은 간호학과를 국내 최초로 4년제로 시작한 이화여대 초대 학과장이시다. 이화여대 입학식 후 본 영어시험에서 내가 1등을 하자 선생님은 간호학과에 경사가 났다면서 김활란 선생님에게 인사를 시키러 나를 데려가셨다. 그때부터 나의 형편을 알게 된 선생님은 한미재단과 파일럿 인터내셔널을 통해 장학금을 받을 수 있도록 적극적으로 주선해주셨다.

나는 선생님이 간호역사 시간에 나이팅게일이 한 일에 대해 설명하시는 것을 들으며 '나도 꼭 나이팅게일 같은 간호사가 되어야겠다'는 결심을 했다. 선생님은 여성으로서 간호 전문직보다 좋은게 없다고 강조하시곤 했다. 선생님은 대구동산병원 간호과장과 세브란스간호학교장도 지내셨던 분으로서 가난한 결핵환자와 결혼해서 화제가 되기도 하셨다.

홍근표 선생님에게는 기본간호학을 배웠는데 캐나다에서 공부하시고 모든 것을 정식으로 가르쳐주셨다. 선생님은 인형을 가지

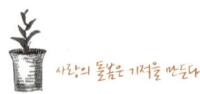

고 목욕시키는 법부터 머리 만지는 법, 인체의 모든 부분을 세밀히 간호하는 것까지 실습하면서 가르쳐주셨다. 그리고 학생들에게 환자의 역할을 하도록 하며, 실제로 시범을 보이면서 가르치셨다. 침상도 3분 안에 만들어야 하고 주사도 능숙하게 정확한 장소에 순간적으로 잘 놔야 했다.

"사람을 다루는 것이므로 절대 실수가 있어서는 안 된다."

선생님은 철저하게 훈련시켜 환자를 능숙하게 다루는 것을 강조하셨고, 그렇지 못할 때는 야단도 많이 치셨다. 우리는 인상이 차고 날카로운데다 주름 하나 없이 날이 선 듯 빳빳한 유니폼을 입은 선생님을 보기만 해도 정신이 번쩍 났다. 그러나 선생님은 차가운 외모와 달리 따뜻함과 섬세함으로 학생과 환자의 필요를 가장 잘 아시는 분이었다. 선생님은 휴일이면 집이 지방이라 가지 못하는 아이들을 선생님 댁으로 불러 맛있는 것을 해서 먹이곤 하셨다.

나는 실습시간에 선생님을 뵐 때마다 속으로 생각했다.

'나도 저런 간호사가 되어야지.'

결혼 후 어느 날, 선생님이 나를 부르시더니 어떻게 아셨는지 식탁이 필요하지 않느냐고 물었다. 그때 선생님으로부터 받은 식탁을 지금도 내 책상으로 사용하고 있다. 지금도 선생님은 집에 가면 뭔가 싸주기를 좋아하고, 매년 졸업생들에게 크리스마스 카

드를 보내시는 분이다.

　당시 보건간호학을 가르쳤던 손경춘 선생님은 병원에 입원한 환자뿐만 아니라 모든 사람이 간호의 대상이라는 것을 알게 해주신 분이었다. 선생님은 우리에게 "지역사회에 가서 뭐든지 건강유지 및 증진을 위한 간호를 실시하고 가르치라"고 하셨다. 나는 넝마주이를 교육하는 재건대에 가서 보건교육을 하면서 건강과 연관된 지역사회의 일면을 깊이 볼 수 있게 되었다.

　또 선생님은 신촌에서 모자보건소를 개설해 우리나라에서 처음으로 지역사회의 모자보건사업을 실시하신 분이었다. 또 영유아들이 건강하게 자랄 수 있도록 우유를 배급하고 사람들의 가정을 직접 찾아가 환자를 돌보며 필요한 경우 병원에 입원시키는 등 지역사회의 보건 개선에 앞장서 몸소 실천하시는 분이었다. 우리는 이런 훌륭하신 선생님들 밑에서 많은 것을 배울 수밖에 없었다.

내 생애 큰 축복, 이호영 교수님

　가장 좋은 스승은 제자에게 자신이 가진 지식을 아낌없이 주고, 조건 없이 사랑을 베푸는 분일 것이다.

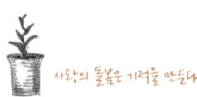

이호영 선생님은 내가 닮고 싶은 진정한 스승으로서의 모델이 되시는 분이다. 나는 선생님으로부터 사람을 사랑하는 법과 학생들을 가르치는 법을 배웠다. 제자 한 사람 한 사람을 소중히 여기고 최선을 다해 가르치며 격려해 주시던 선생님. 지금까지 많은 학생들을 가르쳐오면서 나는 선생님으로부터 받은 사랑을 기억하며 그분께 배운 것을 실천하려고 노력해오고 있다.

이호영 선생님을 처음 만난 것은 1967년 학기가 막 시작될 무렵이었다. 당시 나는 이화여대 정신과 간호학 석사과정에 입학했는데, 국내에는 정신과 간호학 석사과정 학생을 가르칠 교수가 없어 고민 중이었다. 그런데 학과 사무실로부터 이대부속병원에 미국 전문의 자격증을 가진 교수님이 신경정신과 과장으로 부임하신다는 반가운 전갈이 들려왔다. 나는 그분께 지도를 받고 싶은 마음에 당시 간호학과장이신 이영복 선생님을 찾아가 의논을 드렸다. 이영복 선생님은 이호영 선생님이 착실한 기독교 신자라는 점, 선생님의 선친께서도 유명한 정신과 의사라는 사실을 알려주시며, 선생님의 이모님이신 김영의 음대 학장님을 통해 부탁을 드려볼 테니 내게도 선생님을 찾아뵙고 직접 말씀드려보라고 하셨다.

'과연 간호사를 지도학생으로 받아 주실까?'

나는 불안하고 초조한 마음으로 선생님의 외래 진료실 문을 두

드렸다. 선생님의 첫인상은 그야말로 전형적인 영국 신사였다. 나를 더욱 놀라게 한 것은 당시 환자나 학생들에게 거의 반말을 하던 다른 의대 교수님들과는 달리 깍듯한 경어로 말씀하시는 것이 아닌가! 게다가 낯선 간호학과 학생이 처음 만나뵌 자리에서 지도교수가 되어달라고 억지에 가까운 요청을 했는데도 "함께 열심히 잘 해보자"며 격려까지 해주시는 것이 아닌가. 선생님을 처음 만난 그 순간부터 나는 감동을 넘어 선생님께 완전히 매료되고 말았다.

선생님과의 첫 수업은 '정신위생' 과목이었는데 수강생은 나 혼자뿐이었다. 이제 막 부임하셔서 의대 수업이 없으셨기 때문이겠지만 어쨌든 나로서는 대단한 행운을 얻은 셈이었다.

수업은 항상 문을 반쯤 열어놓은 병원 외래 진료실에서 1:1의 개인적인 토론식으로 진행되었다. 매시간마다 선생님으로부터 정신건강에 관한 참신한 지식을 독점해서 배우는 횡재를 하는 것 같았고, 과제를 통해 습득한 내용을 재확인받는 느낌이었다. 또한 선생님께서는 서울 시내 다른 병원의 정신과 의사들이 매주 모여 공부하는 모임에 참석하실 때마다 나를 데리고 가셨다. 청강을 하며 지식을 쌓으라는 배려였다.

이 스터디 모임에서는 정신과에 관련된 여러 주제들을 의사들이 돌아가면서 발표한 후 최신의 이론적인 내용과 함께 생생한 실제 사례와 연구과제, 그리고 의료정책에 관한 열띤 토론까지 이어졌다. 주로 이호영 선생님께서 리드를 하셨다. 지금 생각해봐도 이론과 실무를 아우르는 대단히 깊이 있고 유익한 연구 모임이었다. 스터디가 끝난 후에 참석자 전원이 식당에서 각자 자신의 음식비를 지불하는 저녁식사를 함께 했는데, 가난한 신혼 학생의 형편을 아신 선생님께서는 항상 내 몫까지 내주셨다.

두 번째 학기의 '정신과 각론' 과목도 같은 형식으로 진행되었으며 '정신질환증상실습' 과목은 수업 외에 환자를 진료하시는 선생님 곁에서 주 2일 도제 형식의 실습으로 이루어졌다. 이때 환자의 병력을 영어로 기록했는데 선생님은 인턴을 놔두고 나를 시키곤 하셨다. 아마 나의 미국에서의 임상경험 경력을 배려하고 인정해 주고자 하시는 마음이었을 것이다. 그때마다 나는 다른 인턴 의사들의 따가운 시선을 느끼며 황송한 심정으로 더욱 최선을 다해 열심히 했다.

선생님은 세 번째 학기의 '정신과간호'와 '정신과간호 실습' 과목들을 위해서 근무하시던 미국 병원의 간호부장에게 연락하여 당시 최신의 정신간호학 원서를 입수해 공부하도록 도와주셨다. 비싼 항공료 때문에 선박 편으로 부친 책들이 학기가 시작된 후에도 도착하지 않아, 정해진 기간 내에 과제물을 제출할 수 없을까 봐 마음 졸였던 적도 있다.

수지 킴 프로젝트의 아이디어도!

석사학위 논문은 이호영 선생님의 제안에 따라 제목을 '현상학적으로 본 정신분열증 예후인자'로 정했다. 자료 수집을 위해 국립정신병원에서 장장 3개월을 거의 살다시피 하며 관찰한 내용을 분석하여 논문을 작성했다.

논문이 거의 완성되어 최종 심사를 앞둔 어느 늦은 밤, 막차 버스에서 깜박 졸다 "종점입니다! 내리세요!"라는 차장의 소리에 놀라 그만 참고문헌 목록을 떨어뜨린 채 허둥지둥 내리고 말았다. 집에 도착한 후에야 이 사실을 발견하고는 뜬 눈으로 밤을 지샌 후 통행금지 시간이 해지되는 새벽 4시에 버스 종점에 갔으나 밤 사이 청소가 이미 끝나버린 후였다.

잃어버린 참고문헌 목록을 다시 작성하느라 논문 심사가 한 학기 연장되었다. 이렇게 늦춰지는 바람에 미국으로 다시 돌아갈 준비를 하셨던 이호영 선생님은 가족을 먼저 보내고 당신은 내 논문 심사를 끝낸 후에야 미국으로 가셨다. 지금까지도 선생님께 너무나 죄송한 마음이 든다. 나는 학생을 위하는 그 사랑과 정성의 감동을 아직도 기억하고 있다.

따져보니 석사과정 12과목 중 5과목을 선생님으로부터 배웠고 학위논문 지도까지 계산하면 4학기 연속으로, 그러니까 2년 동안 정신과에 관한 모든 것을 선생님으로부터 배운 셈이다. 선생님은 강의실에 한정된 수업이 아닌, 모든 삶의 현장에서 배움에 대한 정도(正道)를 깨우쳐주고 삶과 일에 대한 열정을 불러일으켜 주셨다. 이호영 선생님은 단순히 교과서에 나온 내용만 가르치지 않으셨다. 학습에 도움이 된다고 판단하시면 어떤 상황에서든지 어떤 내용이든지 늘 나누고 공부하도록 격려해 주셨다. 선생님의 이러한 모습은 오랫동안 학생들을 가르쳐온 나에게 학생 한 사람 한 사람을 소중히 여기고 최선을 다해 그들을 도와주도록 깨우치는 롤 모델 role model이 되고 있다.

졸업 후에도 선생님은 기회가 있을 때마다 나를 불러 선생님의 일이나 프로젝트에 동참할 수 있게 해주셨다. 1993년으로 기억한다. 선생님께서 아주대학교 의대 정신과 실장으로 재직하실 때, 당시 획기적으로 진행한 지역사회 정신건강 시범 프로젝트팀에 나를 간호분야 자문위원으로 끼워주셨다. 당시 나는 정신보건법의

통과를 앞두고 '정신보건 간호사 훈련 프로그램'을 시작하고 있던 중이었다. 그러나 프로그램을 마친 정신보건 간호사들이 일할 현장을 발굴하지 못해 고민하던 중이었는데 이 프로젝트를 통해 지역사회에서 정신보건 간호사가 일할 수 있는 실제 영역을 개발하는 방법을 터득하게 되었다.

이렇게 정신보건에 대한 실제를 배운 나는 지역사회 정신보건법이 통과된 후, 1996년부터 1998년까지 2년간 UNDP 지원으로 앞서 이야기했던 수지 킴 프로젝트 청사진을 그릴 수 있게 되었다. 특히 그 프로젝트 결과의 보고회 때 두 회원의 연주 후에 "원더풀"을 연발하시며 그 누구보다도 기뻐하시던 이호영 선생님의 표정을 지금도 잊을 수가 없다. 나로서는 선생님으로부터 배운 환자 사랑의 일면을 실천하여 얻어진 결과를 선생님께 되돌려 드리는 감격의 순간이기도 했다. 사실 이호영 선생님께서는 2년간에 걸쳐 수행된 UNDP 프로젝트의 자문위원으로 그 사업의 모든 과정에서 우리에게 긍정적인 조언과 격려로 도와주신 멘토이셨고, 우리는 선생님으로 인해 큰 힘을 얻어 지칠 줄 모르고 열심히 환자들을 돌보아 이룬 당연한 결과였던 것이다. 선생님은 내게 수업시간이나 진료시간을 넘어 새롭고 폭넓은 배움을 지속적으로 제공해주셨다.

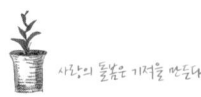

새로운 관점으로 당면한 상황을 보도록 도와주시고, 늘 뒤에서 지지해 주셨다. 선생님 같은 은사를 만난 것은 내 생애에 큰 축복이었다.

Chapter 2...
간호는 인생을 피어나게 한다

♥ 간호는 병만이 아닌 '병에 걸린 사람'을 돌보는 일

의학은 큐어cure고 간호는 케어care다. 의학의 초점은 병이지만 간호의 초점은 아픈 사람 전체이다. 그래서 저자는 간호는 사람을 사랑하는 마음이 있을 때 제대로 할 수 있다고 말한다. 아울러 간호는 과학이자 맞춤형 예술이므로 각각의 환자에 따라 달라져야 한다고 강조한다. 예를 들어 환자에게 물을 먹일 때도 찬물과 뜨거운 물, 미지근한 물 등 온도도 다르고, 한 모금씩 삼키는 사람과 꿀꺽꿀꺽 마시는 사람 등을 세심하게 구별해서 맞춰 주어야 한다. 약을 먹일 때도 녹여서 먹여야 하는 경우, 그냥 물과 마시게 하는 경우로 세심하게 구별해서 맞춰주어야 한다는 것이다.

♥ 극진한 간호로 사라진 시어머니의 암 세포

안암 말기로 암세포가 뇌까지 번져 시한부인생 선고를 받은 시어머니. 저자는 마시지도 먹지도 못하는 극심한 고통과 통증에 시달리는 시어머니 옆을 한시도 떠나지 않고 지극정성으로 돌보기 시작했다. 물 한 모금 마시는 것은 물론 미음을 드실 때에도 왜 잡수셔야 하는지 그 이유를 설명해 드리며 꼭 사실수 있다고 희망을 드렸다. 운동을 할 때도 같이 걸으며 시어머니의 훌륭한 점을 찾아서 칭찬해드리고 시어머니가 하시는 말씀을 적극적으로 경청했다. 저자의 극진한 간호 덕분에 시어머니의 암 세포는 감쪽같이 없어졌고 그 이후로 18년을 더 사셨다. 그 이후부터 시어머니는 누가 암에 걸렸다고 하면 직접 미음을 쑤어 찾아다니면서 용기를 주었다.
"나도 암에 걸려 죽을 뻔했는데 이렇게 살아났잖아요."
시어머니는 저자가 했듯이 아픈 사람들을 찾아다니며 희망을 주었다.

♥ 사람이 있는 곳은 어디나 간호 현장

간호는 병실뿐 아니라 사람이 있는 곳은 어디나 모두 간호 현장이다. 저자는 비행기에서 임신한 흑인 여자가 쓰러져 있는 것을 보고 응급처치를 하고 공항에 도착하자마자 앰뷸런스를 호출해 적절한 치료를 받을 수 있도록 도왔다. 오대양 육대주 어디든, 내국인이든 외국인이든, 흑인이든 백인이든, 사람이 있는 곳은 모두 간호 현장이라고 할 수 있다.

Chapter 3...

웰빙, 웰에이징, 웰다잉

사랑받는 존귀한 사람으로 보살핌을 받다가
평안하게 생을 마감하고 떠나도록 해주는 것이다.
호스피스의 정신은 결국 사랑이다.

죽는 순간까지
사랑받고 싶다

처음으로 접한 호스피스

　대학 졸업 후 이대 동대문병원 분만실에서 나의 간호 커리어는 시작되었다. 분만실은 다른 병동과 달리 생명이 태어나는 곳이라 생기가 넘치고 조물주의 역동적인 섭리를 맛보며 생명 자체에 대한 경외심을 갖게 한다. 그러던 중 5층의 특실병동으로 옮기게 되었다. 특실병동에는 부유층 말기암 환자들이 많았는데, 모 대학교 체육대 학장 부인이 말기 자궁경부암 진단을 받고 입원해 있었다. 그런데 아무도 환자에게 말기암이란 사실을 말해주지 않았다. 가족들은 쉬쉬하고 담당의사도 전혀 언급하려고 하지 않았다. 나는 그 병실에 들어갈 때마다 마음이 조마조마하고 불안했다.

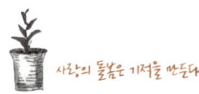

'환자가 나를 보고 무슨 병이냐고 물으면 어떻게 하지.'

환자 남편이 입원실을 방문할 때 부인과 눈을 마주치지 않기 위해 신문을 펼쳐 읽는 듯 얼굴을 가리고 앉아 있다가 그냥 병실을 나가시곤 했다. 나도 그 환자 방에 들어갈 때는 체온, 맥박, 혈압 등 활력증상 측정을 비롯하여 주사나 드레싱 교환 등 중요한 처치를 재빨리 하고 나와버렸다. 혹시 환자와 눈이라도 마주치면 무슨 병인지 물을까 봐 겁이 났다. 그럴 때마다 '이건 간호가 아니다'라는 생각이 들었다.

작은 수술을 하더라도 환자의 궁금증을 풀어주고 준비시키는데 하물며 죽음을 향해 서서히 다가가고 있는 환자에게 아무런 설명도 안 해주고 자신이 죽어가는 것도 알려주지 않는 것은 옳지 않다는 생각이 들었다. 며칠 동안 혼자 고민하다가 수간호사에게 그 상황에 대한 내 의견을 말했다. 이건 부당하다고 하자 그녀 자신도 그렇게 생각하지만 담당의사가 직접 알리는 것 외에 별다른 방법이 없다고 했다. 나는 용기를 내어 드디어 주치의사에게 내 심경을 말씀드렸다.

"선생님, 그 환자를 대할 때마다 저는 너무 불안합니다. 만약 환자분이 제게 자신의 병에 대해서 물으면 뭐라고 이야기해야 하지요?"

무작정 환자에게 숨길 수도 없고 그렇다고 내가 이야기할 수도 없으니 어떻게 해야 하느냐고 물은 것이다. 의사는 대답 대신 나를 위아래로 두어 번 훑어보더니 퉁명스럽게 말했다.

"간호나 잘해요!"

순간 나는 너무 어이가 없었다. 그리고 혼돈스러웠다.

'대체 뭐가 간호인가?'

'이건 간호가 아니야.'

'이런 상황에선 어떻게 해야 하는지 왜 가르쳐주지 않으시지?'

그때부터 간호학이 더 발달한 미국에 가서 더 배우고 싶다는 마음을 먹기 시작했다.

내가 호스피스를 처음 접하게 된 것은 1973년 하와이의 스트롭 병원에서 근무할 때였다. 당시 나는 한국에서 받은 정신과 전공의 간호학 석사학위를 인정받아 주로 정신과 환자와 말기 암환자를 돌보며 상담을 하고 있었다.

어느 날 병원 게시판에 '죽음과 임종'이라는 세미나를 한다는 공고가 붙어 있었다. 나는 주저 없이 그 세미나에 참석하였다. 엘리자베스 퀴블러 로스라는 유명한 암 전문 의사로부터 3일 동안 강의를 들었다. '호스피스란 무엇인가'라는 개념부터 철학까지 듣고 또 워크숍도 하였다.

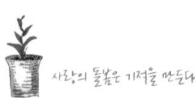

현대 호스피스는 영국인 시실리 손더스에 의해 처음 시작되었다. 그녀는 원래 간호사였으나 다시 의사가 되어 호스피스를 연구한 분이었다. 퀴블러 로스는 "환자가 편안하게 죽을 수 있도록 총체적으로 돌봐주는 것이 호스피스 케어"라고 정의했다. 그녀는 한 사람의 생명이 너무 중요하기 때문에 죽는 순간까지, 최선을 대해 잘 돌보아야 한다고 역설했다. 그녀는 환자의 임종과정과 죽은 후 사별 가족까지 사랑으로 돌보는 것을 강조하였다.

"환자가 병 진단을 받는 순간부터 죽어가는 마지막 순간까지 편안하게 살도록 도와주는 호스피스 케어를 해야 합니다."

나는 강의를 들으며 속으로 다짐했다.

'나도 한국에 돌아가면 꼭 호스피스 케어를 시작해야지.'

하나님은 내 삶의 중요한 시점마다 꼭 필요한 사람을 만나게 해 주셨는데 이때 강의를 했던 닥터 퀴블러 로스도 내 인생 여정에 발자취를 남긴 분들 가운데 한 사람이었다. 나는 그분으로부터 죽어가는 말기 환자를 어떻게 돌보아야 하는가를 직접 배웠다.

"교수님은 이제 첼로를 할 수 없습니다"

1979년, 연세대 간호대학 교수로 재직하고 있을 때였다. 대학병원에 아직 암 병동이 생기기 전인 그때만 해도 말기암 환자가 많았다. 어느 날 별관 특실병동의 수간호사로부터 전화를 받았다. 특실병동은 VIP 환자들이 입원해 있는 곳이었다.

"선생님, 저희 병동에 문제 환자가 있는데 오셔서 좀 도와주셔야겠어요."

병동에 들어서는 순간 어느 병실에선가 거친 욕설이 새어나왔다.

"바로 저 환자예요."

간호사가 한 병실을 가리키며 말했다.

"환자가 소리를 지르고 물건을 집어던지며 난동을 부려 들어갈 수가 없어요."

얼마 전에 유방암 수술을 한 모 대학의 첼로 교수라고 했다. 내가 병실로 들어가려고 하자 뒤에서 수간호사가 말렸다.

"조심하세요. 혹시 다칠지 모르니 안경을 벗고 들어가세요."

수간호사가 주의를 주었지만 나는 안경을 벗으면 아무것도 보이지 않아 손으로 안경을 잡고 살며시 문을 열었다.

"뭐야?"

문을 여는 순간 휴지통이 곧바로 얼굴 위로 획 날아왔다. 안경이 튕겨져 바닥에 떨어졌다. 나는 한 발자국도 들어가 보지 못하

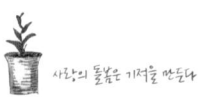

고 얼른 다시 문을 닫아버렸다. 나 역시 방에 들어갈 엄두도 내지 못하고 내 방으로 다시 돌아왔다.

돌아오는 동안 그 환자에게 어떻게 다가갈지 궁리하던 중 문득 아이디어 하나가 떠올랐다.
"그래, 그 시집을 넣어주자."
당시 내가 읽고 있던 시집이 한 권 있었다.
『삶의 모든 것』이라는 프랑스의 미셸 콰스트 신부님의 시집이었는데 그야말로 시 제목대로 '삶의 모든 것'이 함께 묻어 있는 시집이었다. 그중 〈감사합니다〉란 시가 있는데 장장 10페이지가 넘는 가장 긴 시였다.

이 시는 일상생활의 사소한 것에 감사하는 내용으로 꽉 차 있었다. 가령 아침에 이 닦을 때 맡게 되는 향긋한 치약 냄새, 신문팔이 아이가 외치는 소리 등 일상생활에서 늘 접하는 아무것도 아닌 사소한 일들에 대한 감사로 가득한 시였다. 그 시를 다 읽고 나면 삶에 대해 절로 감사해지며 숙연해졌다. 그런데 바로 그 시가 생각난 것이었다.

'그 환자에게 『삶의 모든 것』이란 시집을 넣어주어야겠다!'
나는 방에 와서 그 시집을 찾아 〈감사합니다〉란 시가 있는 페이지에 종이를 끼워 넣었다. 그리고 그 환자의 병실 문을 빼꼼히 열고는 재빨리 시집을 환자 침대 쪽으로 휙 던져넣다시피 주고 나와 버렸다.

'시를 읽고 분명 뭔가 느끼는 게 있을 거야.'

사흘 후 수간호사로부터 연락이 왔다. 그 환자가 나를 찾는다는 것이었다. 나는 속으로 교만한 마음이 들었다.

'그럼 그렇지. 환자가 그 시집을 읽고 마음의 변화를 느낀 게 틀림없어.'

나는 이번에는 여유 있고 점잖게 문을 열고 들어갔다.

"왜 또 왔어?"

방에 들어가는 순간 금속성의 높은 소리와 함께 또 다시 무언가 얼굴을 향해 휙 날아왔다. 반사적으로 얼른 몸을 숙이자 둔탁한 무엇이 내 머리 위를 지나 벽을 맞고 튕겨 나갔다. 환자가 침대 옆 탁자의 작은 서랍을 빼서 내게 던진 것이었다. 환자는 침대 옆 바닥에 쭈그리고 앉아서 머리를 무릎 사이에 박고 태아처럼 웅크리고 있었다. 나는 다가가서 양손으로 환자를 확 껴안았다. 온몸이 얼마나 깡말랐는지 마치 딱딱한 나무를 안는 것 같았다. 환자가 내 가슴을 치면서 울기 시작했다.

"지가 뭔데!"

"지가 뭔데!"

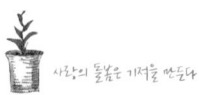

환자는 이 말만 연거푸 하면서 큰 소리로 울었다. 나는 환자가 실컷 울고 진이 빠질 때까지 그녀를 안은 채 기다렸다.

지가 뭔데!

그녀는 5년 전 오른쪽 유방암 수술을 했다. 이후 암이 재발해서 이번에는 왼쪽 유방을 수술했는데 수술 후 3일째 되는 날 담당 외과의사가 회진을 돌면서 이렇게 말했다는 것이다.
"교수님은 이제 첼로를 할 수 없습니다."
첼리스트에게 더 이상 첼로를 연주할 수 없다는 말은 삶의 모든 의미를 빼앗아버리는 것이었다.
"지가 뭔데!"
"지가 수술을 하면 했지, 왜 내게 첼로를 할 수 없다는 말을 하는 거야!"
"지가 뭔데!"
그녀는 이 말만 계속 반복했다. 의사의 말 한마디가 암세포보다 더 무섭게 그녀를 아프게 짓눌러 무너지게 한 것이다. 환자에게는 말 한마디가 그렇게 중요한 것이다. 그녀는 수술 후 몸무게가 20킬로그램이나 급격하게 빠졌다. 의사로부터 이 말을 들은 후 삶의 모든 의미를 잃어버린 것이다.

 사실 의사의 말이 틀린 말이 아닐 수도 있다. 그러나 마라톤 선수에게 "당신은 이제 더 이상 뛸 수 없다."고 한다면 그 말은 삶을 포기하라는 말과 마찬가지다. 비록 그 말이 맞더라도 "최선을 다하고 있으니 경과를 보자"고 말하는 것이 바람직하다. 의사가 환자의 희망까지 꺾을 수는 없다. 의사나 간호사는 환자의 희망이나 잠재력을 죽이는 말을 해선 안 된다. 아무리 희망이 없어 보여도 "잘해보자." "최선을 다해보자."고 말해야 한다.
 의료진의 말 한마디가 삶을 단축시키는 경우도 적지 않다.
 "우리는 할 것을 다 했습니다."
 의료진이 무의식적으로 하는 행동이나 말 때문에 환자와 가족들은 모든 것을 포기하고 금방 죽을 것으로 받아들인다. 의료진이 포기하고 가족들이 포기하면 환자도 포기한다. 그러나 의사가 "우리는 할 일을 다 했습니다. 그러나 힘껏 노력하면 또 하늘이 도울 수도 있습니다"라고 말하면 환자나 가족들은 이 한마디에 힘을 얻는다.

 이후 첼로 교수는 병원에서 더 이상 희망이 없다고 하여 퇴원하게 되었다. 나는 시간이 날 때마다 그녀의 집에 찾아가서 이야기

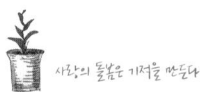

를 나누고 시간을 나누며 돌봐주었다. 죽음 앞에 두려워 떠는 그녀에게 "죽음이 두렵지 않다"고 죽음을 맞이할 준비를 시켰다. 그녀가 최대한 편안히 갈 수 있도록 이야기를 들어주고 고민도 들어주었다. 가톨릭 신자였던 그녀는 결국 죽음을 수용하고 편안하게 죽음을 맞이했다.

그녀의 죽음을 옆에서 지켜보면서 직접 호스피스 경험을 해본 이후 나는 호스피스에 대한 새로운 각오와 결심을 하게 되었다. 그리고 호스피스의 필요성을 더욱 절실히 느끼게 되었다.

그래서 1979년 10월에 국내에서는 처음으로 당시 연세대학교 전산초 간호대 학장의 독려 아래 왕매련, 조원정, 김소야자 등 동료 교수들과 함께 호스피스 워크숍을 구상했다. 그 당시는 호스피스란 말 자체도 없던 시절이었다.

"호스피스란 말이 너무 생소하니 '임종간호'라고 하는 게 어떨까요?"

전산초 간호대학 학장이 호스피스는 죽어가는 환자를 돌보는 것이므로 '임종 간호'라고 하는 것이 좋겠다고 제안을 했다.

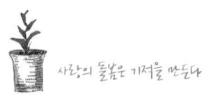

"다잉 영"을 보고 싶어요!

1990년대 중반, 우리가 관리하는 호스피스 환자 중에 고척동 산동네에 살고 있는 뇌암 말기 환자가 있었다. 서울대 대학원에서 미술사를 전공한 환자였는데 아버지는 가락시장에서 지게꾼으로 육체노동을 하는 분이었다. 아버지는 술에 취해 거의 매일 아들에게 욕을 퍼부었다.

"저 미친 놈, 어려서 엄마 잃고 내가 혼자 고생고생해서 키워놨더니 돈도 안 되는 미술사인지 뭔지를 공부하다가 결국 몹쓸 암에 걸려 죽게 되었으니…."

아버지로서는 그런 아들을 보면서 얼마나 억울하고 원망스러웠을까?

"죽으려면 빨리 죽어버려, 이 애비 속 태우지 말고."

하루 이틀도 아니고 밤낮 싸우는 이 환자와 아버지를 돌보는 호스피스 팀이 너무 힘들다고 내게 하소연을 했다. 내가 찾아간 그날도 아버지는 아들에게 저주를 퍼붓고 있었다.

"공부하고 그림 그리면서 편하게 살지, 분수도 모르고 무슨 역산지 석산지 한다고 죽을 병에 걸려서…."

"엄마 없이 혼자 길러놨더니… 너는 평생 원수다."

아들은 돌아누워서 양손으로 자신의 귀를 틀어막고 있었다. 그 환자는 이제 마지막 항암치료도 다 끝나서 더 이상 할 것이 없었다.

내가 그에게 물었다.

"지금 가장 하고 싶은 게 뭐예요?"

"제발 하루라도 아버지의 저 소리를 좀 안 듣고 살았으면 좋겠어요."

그리고는 잠시 머뭇거리다가 다시 덧붙였다.

"나를 미친 사람이라고 할지 모르지만 '다잉 영'을 보고 싶습니다."

당시 종로 3가에 있던 세기극장에서 상영하는 〈다잉 영〉이란 영화를 보고 싶다는 것이었다. 아마 신문이나 라디오를 통해서 이런 정보를 얻었는지 환자는 이 영화의 스토리를 알고 있는 듯했다.

영화의 스토리는 다음과 같았다.

주인공은 부잣집 아들로 미술사를 전공한 사람이었다. 어느 날 그의 아버지가 죽어가는 아들을 위해서 신문에 광고를 냈다.

'뇌암으로 죽어가는 아들을 간호할 사람을 구합니다.'

이 광고를 보고 돈밖에 모르는 질이 좀 좋지 못한 여자가 돈 벌 욕심으로 간호사라고 속이고 이 집에 들어온다. 그러나 항암치료

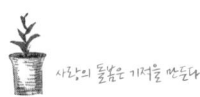

후 환자가 토하고 힘들게 하자 '이 짓은 못해먹겠다'고 집을 나와 버린다. 그녀는 길을 걷다가 문득 이런 생각을 하게 된다.

'내가 없으면 그 사람을 누가 돌보나.'

'내가 간호는 잘 못해도 같이 있어주는 것만으로도 충분히 도와주는 것이야.'

그녀는 다시 집으로 돌아가 주인공 환자를 돌보며 함께 지낸다.

주인공이 죽기 전에 그녀에게 여행을 가고 싶다고 한다. 두 사람은 유럽여행을 떠난다. 여행 중 여자가 남자에게 고백한다.

"나는 사실 간호사도 아니고 당신 집에 단지 돈을 벌러 왔을 뿐이다. 그러나 지금은 당신을 사랑한다."

두 사람은 진심으로 서로 사랑하게 된다. 그리고 남자는 아쉽지만 행복하게 죽음을 맞는다.

"죽을 사람이 뭔 영화, 당신들도 미쳤군!"

그는 바로 그 영화를 보고 싶다고 했다. 나는 어떻게 해서든 그에게 영화를 보여주고 싶어서 차를 태워줄 자원봉사자를 구해서 그의 집으로 갔다. 입김이 쩍쩍 얼어붙을 정도로 추운 12월 말의 겨울이었다. 아들에게 영화를 보여주기 위해 데리고 나가겠다고 말하자 아버지가 비웃었다.

"흥, 당신들도 다 미쳤군!"

"죽을 사람이 뭔 소원이냐. 저 미친 놈 이야기를 듣는 당신들도 다 미친 사람들이야."

아버지의 욕설을 뒤로 하고 우리는 눈, 코, 입만 빼고 전신을 감싼 아들을 차에 태웠다. 휠체어도 자동차 트렁크에 실었다.

극장 앞에 가니 사람들이 한도 끝도 없이 줄을 지어 서 있었다. 좌석은 모두 매진이었고 마지막으로 상영되는 표도 구하려면 긴 줄을 지어 기다려야 했다.

'여기까지 왔는데!'

맥이 탁 풀렸다. 환자를 여기까지 데려왔는데 다시 돌아갈 수는 없었다. 덜덜 떨며 실망스러운 표정으로 휠체어에 앉아 있는 환자를 보니 더욱 난감했다. 얼음처럼 차가운 바람이 매섭게 불어왔다. 온몸이 얼 정도로 떨리고 추웠다. 차가운 바람을 맞으며 이러지도 저러지도 못하고 얼어붙은 듯 서 있는데 문득 아이디어가 떠올랐다. 환자는 휠체어에 앉아 있으니까 굳이 좌석이 필요 없다는 생각이 들었다. 그저 극장에만 들여보내 주면 될 것 같았다.

나는 매표 입구에 가서 급히 매니저를 찾았다.

"매니저를 좀 만나보게 해주세요."

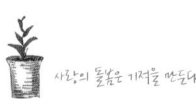

직원이 귀찮다는 듯이 나를 한동안 쳐다보더니 마지못해 어딘가로 전화를 했다. 잠시 후 키가 크고 체구가 건장한 남자가 와서 퉁명스럽게 물었다.

"대체 무슨 일이죠?"

나는 사정을 이야기하며 부탁했다.

"도와주세요. 환자는 이 영화를 보는 게 마지막 소원입니다."

내 말을 들은 매니저가 극장 입구를 향해 걸어갔다.

"이리 들어오세요."

그리고는 앞장서서 사람들을 밀치면서 휠체어가 들어갈 수 있도록 길을 만들어 주었다.

"비켜요! 비켜요!"

매니저가 직접 휠체어를 끌고 극장의 가장 중앙으로 데려다 주었다.

영화를 보고 나온 환자는 무척 행복해했다. 그날 밤 아들은 집에 돌아와 아버지에게 손을 내밀었다.

"아버지!"

아버지가 들은 척도 안했다. 다시 아들이 아버지를 불렀다.

"아버지 미안해요. 내가 아들 노릇 못해서…"

아버지가 와서 아들을 안았다. 그리고 아들은 사흘 뒤에 죽었다.

내가 저 입장이라면 뭘 하고 싶을까?

그의 죽음에 모두 마음이 아팠지만, 그래도 우리가 환자의 마지막 소원을 들어줄 수 있었다는 것이 기뻤다. 바로 이런 것이 호스피스 케어이다. 생로병사의 현장을 지키며 보살피는 이것이 '간호사의 특권'이다. 죽어가는 사람이 마지막 소원을 누구에게 이야기하겠는가! 이 얼마나 놀라운 간호사의 특권인가!

사람이 편안하게 세상을 떠난다는 것이 뭔가. 내가 하고 싶은 일을 마무리하는 게 꼭 대단한 일을 뜻하는 것은 아니다. 이 환자에게는 영화 한 편 보는 것이었다. 그것을 보면서 그는 죽음을 준비했다. 사람을 도와주는 것은 어려운 일이 아니다. 조그마한 배려, 생각, 행동, 돌봄 행위가 한 사람을 도와주는 것이다.

"저 환자는 늘 문제야!"
이렇게 보는 시각에서 각도만 조금 달리하면 전혀 다른 세계를 볼 수 있다. 상황을 공감만 하면 다 풀어질 수 있다. 앞서 말한 환자도 싸우기만 하는 '문제 환자'와 '문제 보호자'로만 보면 짜증이 난다. 그러나 조금만 관점을 돌려서 '얼마나 속이 상하면 저럴까?'라고 생각해보면 전혀 다른 각도에서 대상을 이해하는 마음이 생긴다.

'저 환자는 저런 상황에서 무엇을 하고 싶을까.'

'이런 상황에서 아버지에게 욕설과 저주를 들으면 얼마나 속이 상할까.'

초점을 돌리면 이해하고 공감이 되면서 그에게 필요한 것을 해줄 수 있는 관점을 가질 수 있다.

'내가 저 입장이라면 뭘 하고 싶을까.'

사람을 사랑하게 되면 그 사람이 무엇을 필요로 하는지 보이게 되고, 해줄 수 있는 능력도 생긴다. 우리 힘으로는 환자를 사랑할 수 없다. 그러나 하나님이 나를 얼마나 사랑하는지를 생각하면 사랑할 수 있다. 나는 환자를 보러 갈 때마다 매 순간 기도한다.

"하나님, 저 사람을 사랑하게 해주세요."

하나님의 사랑에 나를 접속하면 사랑의 에너지가 나를 통해 흘러들어온다. 마치 전류가 흐르고 있는 전선에 접속한 순간 불이 켜지는 것처럼, 매순간 하나님으로부터 사랑을 공급받고 충전되면 환자를 사랑하고 돌볼 수가 있다.

호스피스팀에 자동차를 주신 할머니

호스피스 환자 중에 위암 환자가 있었다. 환자는 평소 방울토마토를 좋아했는데 당시는 방울토마토가 귀한 과일이어서 그나마 신세계백화점에나 가야 살 수 있었다. 어느 날 호스피스 자원봉사자 한 분이 시장에 갔다가 방울토마토 한 근을 사서 환자의 집으로 찾아갔다.

"아니, 오늘 오시는 날이 아닌데 웬일이세요?"

"방울토마토를 보니까 할머니 생각이 나서 조금 사가지고 왔어요."

그 말에 환자가 깊은 감동을 받았다.

며칠 후 할머니로부터 호스피스 팀으로 전화가 걸려왔다.

"나는 평생 자식들 키우느라 다른 사람 생각을 못하고 살았는데 시장에 가서까지 나를 생각했다니 너무 감동했습니다. 나 자신만을 위해 살아온 내가 부끄럽습니다."

그분은 돌아가시면서 자신이 사용하던 자동차를 우리 호스피스 팀에 주고 갔다.

어떻게 살아야 사람답게 사는 것인가. 죽는 순간까지 사랑받으면서 살아 있는 사람처럼 사는 것이다. 혼자 내버려 두어 외롭게 죽어가도록 하는 것은 이미 죽은 사람으로 간주하는 것과 다를 바 없다. 이를 사회적 죽음이라 한다. 사랑받는 존귀한 사람으로 보살 핌을 받다가 평안하게 생을 마감하고 떠나도록 해주는 것이다. 호스피스의 정신은 결국 사랑이다.

환자가 마지막 순간까지 '아, 내가 이렇게 많은 사랑을 받고 가는구나'라고 생각할 수 있도록 환자를 사랑하고, 사랑하고, 또 사랑하는 것이다.

호스피스, 갓난아이를 돌보는 엄마의 마음으로

사실 죽어가는 환자를 사랑한다는 것이 쉽지는 않다. 푹 꺼진 눈과 깡마른 얼굴, 복수가 차서 힘들게 거친 숨을 몰아쉬는 환자를 사랑하기란 정말 쉽지 않다. 우리는 근본적으로 그런 사람을 사랑할 수 없다. 그래서 사랑의 원천인 하나님, 인간을 사랑하는 그 사랑의 하나님께 자신을 접속시키고 그 사랑을 받아야 한다. 형광등은 스스로 빛을 만들지 못한다. 전력이 흘러야 불빛이 들어오는 것처럼 인간 역시 하나님의 사랑에 접속해야 사랑이 흘러들어온다.

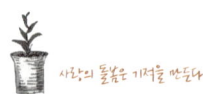

우리는 사랑을 전달하는 도구에 불과하다. 하나님과 접하고 있으면 하나님의 사랑이 흘러들어와 환자를 사랑하는 마음이 생기게 된다. 사실 내 모습도 어떤 경우에는 암환자보다 더 추할 때가 있다. 그런 나를 사랑하는 하나님을 생각하면서 환자를 보면 그가 불쌍히 여겨지고 어떻게 돌보아야 할지가 보인다.

나는 호스피스란 '사람을 사랑하는 돌봄'이라고 정의한다. 호스피스는 돌봄의 속성을 포함한 사랑의 활동이다. 간호사 수녀인 로치 교수는 돌봄의 속성 5가지 5C를 주장했다. 돌봄이 제대로 되려면

첫째, 긍휼히 여기는 마음 compassion 이 있어야 한다. 상대방을 불쌍히 여기는 마음, 사랑하는 마음이 있어야 한다.

둘째, 능력 competence 이 있어야 한다. 사람을 돌보려면 사랑만으로는 안 되고, 잘 돌보기 위한 능력과 기술을 갖추어야 한다.

셋째, 확신 confidence 이 필요하다. 내가 정성껏 간호하면 환자가 좋아진다는 확신 내지 자신감이 있어야 한다.

넷째, 양심적 conscience 이어야 한다. 내가 돌보는 이 환자가 만일 내 어머니나 나 자신이라면 어떤 돌봄을 원할 것인가 생각하며 최선을 다해 돌봐야 한다.

마지막으로 헌신적 commitment 이어야 한다. 마치 상대방을 돌보기

위해 내가 존재하는 것처럼 헌신적인 마음으로 돌보아야 한다.

이 5C가 모두 있어야 제대로 된 돌봄을 제공할 수 있다. 이러한 다섯 가지 속성을 가장 잘 포함하는 돌봄은 아무 것도 할 수 없는 갓난아이를 돌보는 엄마의 모습에서 흔히 볼 수 있다. 호스피스도 엄마가 갓난아이를 돌보는 그러한 심정으로 해야 한다.

평안한 죽음, 인생의 마무리 준비

교회에 다니던 권사님이 위암에 걸리셨다. 어느 늦은 가을날 그분의 휠체어를 밀고 산책을 하는데 그분이 내 손을 잡더니 조용히 물으셨다.

"김 집사, 정말 부활이 있어?"

순간 당혹감이 밀려왔다. 그간 교회생활을 열심히 하고 신앙도 좋은 분이셨기에 나의 당혹감은 더 컸다. 그만큼 환자들은 죽음 앞에서 절박한 심정이 된다. 나는 생각을 좀 해보자고 했다.

며칠 후 나는 할 말을 나름대로 준비해서 권사님의 휠체어를 밀고 다시 산책을 나섰다. 가을이라 낙엽이 우수수 떨어지고 있었다.

"내가 부활이 있느냐고 물어서 속으로 흉봤지?"

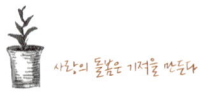

그분이 먼저 말을 시작했다.

"권사님, 지금 저기 은행나무에서 뭐가 떨어지고 있죠?"

"낙엽이지."

"이제 낙엽이 지고 겨울이 오면 저 나무도 죽은 나무처럼 깡마르겠지요."

"그렇겠지."

권사님이 힘없이 고개를 끄덕거렸다.

"그런데 봄이 되면 뭐가 나지요?"

"싹이 나겠지."

아무 생각 없이 대답을 하던 권사님이 순간 다시 말을 바꾸었다.

"아, 있어, 있어. 부활이 있어!"

그 이후 권사님은 편안하게 죽음을 맞이하셨다. 기독교 신자로 평생을 사셨는데 부활이 없다고 느꼈을 때 얼마나 두려웠겠는가. 기독교 신자든 아니든 누구에게나 죽음은 두렵게 다가온다. 호스피스는 그런 두려움에 떠는 사람들에게 그들이 사랑받고 있다는 것을 매 순간 확인시켜주는 것이다. 그래야 편안히 돌아가실 수 있다. 호스피스 케어는 결국 편안한 죽음을 맞이하도록 준비하는 사랑의 활동이다. 마치 볼품없던 누에가 화려한 나비가 되어 하늘을 날듯이 지금까지 살아온 삶을 잘 마무리하고(용서, 위탁, 약속, 재회에 대한 희망 등의 체험이 중요) 새로운 삶으로 옮겨가는 것처럼.

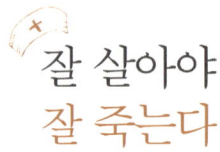

잘 살아야 잘 죽는다

죽음, 입시 준비하듯 준비해야

사람이 사람답게 사는 것을 웰빙well-being이라면, 사람이 사람답게 나이 들어가는 것이 웰에이징well-aging이고, 사람이 사람다운 모습으로 아름답게 죽어가는 것을 웰다잉well-dying이라고 말할 수 있다.

'어떻게 사느냐'도 중요하지만 '어떻게 나이 들어가고 어떻게 죽어가는가'도 중요하다. 호스피스 봉사자들은 죽음을 맞이하는 사람들을 위해 돌봄 봉사를 하면서 자신의 삶을 돌아보게 된다. 그리고 대부분 자기만을 위해서 살아온 삶을 뉘우치고 삶의 방향

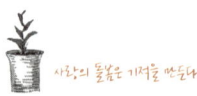

을 돌이킨다. 자기를 위해 열심히 살던 사람이 호스피스를 통해 남을 위해 도와주며 사는 인생을 살게 되는 경우를 흔히 본다.

호스피스란 임종자인 다른 사람을 돌보면서 결국은 봉사자인 자기 자신의 죽음을 준비하는 기회이기도 하다. 즉 호스피스를 하다 보면 '어떻게 살아야 하는가'를 배우게 된다. 또 죽음 앞에 당면한 사람들의 문제를 보면서 자신의 삶을 객관적으로 바라보는 통찰력도 생긴다.

"돈이 뭐길래 자식들끼리 저렇게 싸우게 하나."
"나는 돈을 잘 쓰고 죽어야겠구나."

호스피스 봉사자들은 타인의 죽음을 통해 결국 자기의 죽음을 준비할 수 있게 된다.

'나는 어떻게 살 것인가.'
'어떻게 나이 들어 갈 것인가.'

사람은 살아가면서 항상 죽음을 준비해야 한다. 죽음은 순서가 없기 때문에 늘 죽음을 준비하는 마음으로 살아가야 한다. 가장 어리석은 사람은 평생 살 것처럼 유서도 안 써놓고 재산만 쌓다가 갑자기 죽는 사람일 것이다.

'장례식은 어떻게 하지.'
'마지막 말을 뭐라고 할까?'

죽음에 대해 구체적으로 준비해야 한다. 대학에 들어가기 위해서 피나는 노력을 하면서 정작 영원이란 차원에 들어가는 죽음에 대해 준비하지 않는 것은 있을 수 없는 일이다.

남편은 2003년에 사고로 급하게 죽음을 맞이했지만 죽기 전에 이미 죽음에 대한 준비를 해놓았다.

"우리가 죽으면 장기 기증을 합시다."

남편은 우리가 이 땅에 빈손으로 왔다가 가는데 장기라도 기증을 해서 필요한 장기를 받으려고 기다리는 사람에게 희망을 주자고 했다. 그래서 우리는 장기기증 서약서에 서명을 했다. 그리고 만일 무의식 상태가 된다면 호흡기도 끼지 말고 자연스럽게 죽을 수 있게 하자고 했다. 비록 급작스럽게 죽음을 맞이했지만 남편은 이미 유서를 써놓고 통장 비밀번호와 보험번호도 적어놓는 등 세밀하게 준비를 해두었다.

김활란 박사는 평소에 자신의 장례식은 천국행 환송예배로 해달라고 미리 얘기했기에 훗날 돌아가셨을 때 장례 예배에서 행진곡을 불렀다.

퇴직 후 공동체 생활을 꿈꾸다

호스피스를 하다 보면 '어떻게 죽을 것인가'뿐만 아니라 '어떻게 나이 들어('늙어감'과 동일어) 갈 것인가'를 생각하게 된다. 잘 나이 들어 간다는 것은 보람 있고 의미 있는 삶을 말한다. 즉 나만을 위한 삶이 아니라 다른 사람을 위해 사는 삶이다. 젊어서는 자신만을 위해서, 자기 가족을 위해 일하고 살았지만 노후에는 남을 위한 삶을 살아가는, 즉 잘 나이 들어가는 것이 곧 '웰 에이징'이다.

'다른 사람들은 내 삶을 어떻게 평가할까?'

이제 어떻게 나이 들어 갈 것인가를 가르쳐야 한다.

나는 오래 전부터 어떻게 나이 들어 갈 것인가에 대해 많은 생각을 해왔다. 그중 하나가 '호스피스 센터'와 '요양원' 그리고 '정신사회재활센터'를 건립하여 그곳에서 환자들과 함께 생활하며 늙어 가는 것이었다.

일찍부터 이러한 생각을 했으나 구체적으로 계획한 것은 1988년이었다. 당시 이화여대 학생처 차장이었던 나는 밤낮으로 데모를 하는 학생들과 최루탄 냄새로 인해 심신이 몹시 힘들고 지쳐 있었다. 그때 같은 봉사 모임의 멤버였던 '초강회' 교수들이 나를 위로해 준다며 머리도 식힐 겸 경기도 장흥으로 점심식사를 하러

나간 일이 있었다.

'초강회'는 이화여대의 몇몇 교수들이 사회에 모범도 보이고 뭔가 유익한 일을 하자는 취지로 만든 작은 모임이었다. 각자 전공이 다른 교수들이 호스피스와 지역사회에서 필요로 하는 각종 강의도 하고 매달 돈을 조금씩 모아서 네팔에 영양제도 보내주고, 불우이웃을 돕는 일도 했다.

대학 교정에서 매일 터지는 최루탄 냄새에 지치고 힘들었던 터라 모처럼 서울 근교에서 맑은 공기를 쐬며 식사를 하자 심신이 회복되는 것 같았다.

"우리, 퇴직 후 이런 곳에서 공동체 생활을 하면서 살면 좋겠네요."

"그래요, 이렇게 공기 좋은 곳에 복지센터를 만들어 전공 영역을 살려 봉사도 하고 함께 살면 좋을 것 같아요."

나의 제안에 다들 좋다고 찬성했다. 우리는 이전부터 평소 퇴직하면 공동체 생활을 하면서 살자고 했었다. 사회가 점점 핵가족화되다 보니 노인들이 모여서 서로 도와가면서 지내는 시설이 필요하다는 생각을 오래 전부터 갖고 있던 나는 함께 살면서 각자 전공 과목에 맞게 호스피스도 하고 노인복지센터나 정신종합 재활센터 등 이런 것을 만들자고 했다.

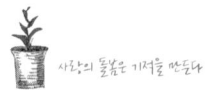

당시 이동원 사회복지학과 교수는 그 부근에서 고아원을 운영하고 있었다. 얼마 전 고아원이 있는 자리가 관광지로 바뀔 계획이 있어 다른 곳으로 옮길 것에 대비해 여러 곳을 본 적이 있다고 했다.

"그래요, 이왕 나온 김에 우리 함께 가서 땅을 좀 봅시다."

우리는 이교수를 따라 땅을 보러 갔다. 내친 김에 몇 군데의 땅을 더 구경하다 마음에 쏙 드는 곳을 발견했다. 산으로 둘러싸이고 앞에 계곡이 흐르는 땅이었다.

"이런 곳에 우리가 하려는 복지시설을 만들면 참 좋을 것 같네요."

"그래요. 퇴직 후 이곳에 함께 센터를 세우고 관리하면서 살면 얼마나 좋을까."

함께 갔던 교수들이 모두 사방을 둘러보며 맘에 들어 했으나 가격이 너무 비쌌다. 그래서 우린 그저 구경만 하고 돌아왔다.

그런데 그해 11월 부동산에서 다시 전화가 왔다. 주인이 돈이 급해서 그 땅을 아주 싼 가격에 내놨다는 것이다. 애초에 불렀던 가격에서 거의 반 가격이었다.

"어떻게 할까요?"

"좋은 기회니까 일단 땅부터 구입합시다."

우리 교수들은 남편들과 의논한 끝에 6명이 각자 3,000만 원씩 이화여대 구내 조흥은행에서 융자를 받아 땅을 구입하기로 했다. 간호학, 보건학, 식품영양학, 사회학, 물리학 그리고 기독교학을 전공한 장상 교수 등이 모두 같은 멤버였다.

퇴직하려면 아직 멀었지만 땅을 구입하고 나서 남편들과 함께 만날 때마다 우리는 복지시설을 어떻게 할 것인가에 대한 계획과 꿈을 이야기하며 즐거워했다.
"일단 복지재단 허가부터 미리 받아놓읍시다."
보건복지부에 복지재단 허가 신청서를 제출했다. 그런데 현금 5억 원을 기탁하라고 했다. 우리에게 그런 돈이 있을 리가 없었다. 다른 정신과 의사 두 분이 가세를 하고 남편들까지 합치니 모두 13명이 되었다.
정신과 의사의 환자 중 한 분이 건축가라 설계도 해주었다. 우리는 한 달에 한 번씩 만나서 설계도를 보고 이야기를 나누었지만 막상 건물을 지을 돈이 없었다.

이후 같은 멤버인 장상 교수가 인문대 학장, 대학원장을 거쳐 이화여대 총장이 되자 우리의 계획은 일단 보류되었다. 그러던 중 2002년 김대중 정부 말쯤, 장상 총장이 총리로 임명되었다. 총리

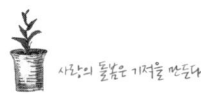

로 임명되자 모 일간지의 기자가 장상 총리의 집으로 인터뷰를 하러 왔다. 장상 총리는 기자와 인터뷰를 하면서 자신의 전 재산과 함께 우리가 산 땅에 대해 설명을 하며 계획을 밝혔다.

"정말 훌륭하십니다. 이렇게 좋은 일을 하실 계획을 갖고 계시군요."

그러나 막상 이튿날 아침 신문에는 '장상 총리 임명자가 땅 투기를 했다'는 기사가 대서특필로 실려 있었다. 청문회가 열렸다. 아무리 복지재단을 하기 위해 준비한 땅이라고 해도 여세는 땅 투기로 몰아붙였다.

내가 청문회에 증인으로 나가서 복지재단 신청 자료까지 보여주며 설명을 했지만 총리 인준은 부결되고 말았다. 결국 장상 총장은 21일간 총리로서의 역할을 끝내고 말았다. 복지재단 설립을 가장 먼저 제안했던 나로서는 얼마나 죄송한지 이루 말할 수 없었다. 뿐만 아니라 나를 비롯해서 거기에 가담했던 다른 교수들까지 모두 사람들로부터 땅 투기 의혹을 받아야 했다. 결국 이를 견디다 못해 다른 분들은 중간에 포기하고 말았다.

사회복지학 공부를 위해 사이버대학에 등록

그러나 나는 끝까지 이 꿈을 포기하지 않았다. 복지센터 설립을 위해 사회복지학을 공부해야겠다는 생각이 들었다. 간호학은 사람만 공부하는데 사회복지는 그 사람이 살고 있는 사회 시스템이나 복지정책을 공부하는 것이기 때문이다. 그러나 워낙 바쁜 관계로 일반 대학교에서 수업을 들을 수 없어서 고민을 하던 중에 온라인으로 언제 어디서나 공부할 수 있는 서울사이버대학을 알게 되었다.

마침내 2004년 3월 학기부터 서울사이버대학에서 인터넷으로 공부를 하기 시작했다. 사이버대학은 시간과 장소를 초월해서 내가 편리한 시간에 공부할 수 있다는 것이 최대의 장점이었다. 나는 학교 강의가 없는 토요일에 인터넷을 통해 하루 종일 공부하고, 평일은 저녁에 공부를 했다. 등록금도 일반대학의 3분의 1에 불과하고 장애인도 공부할 수 있었다. 또 얼마든지 반복 강의도 들을 수 있었다. 공간의 제한이 없다는 점 때문에 1년 동안 미국 펜실베이니아 대학에 교환교수로 가 있는 동안에도 계속 공부를 할 수 있었다.

오프라인 수업은 계속해서 교수의 강의를 따라가야 하지만, 인

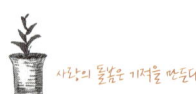

터넷으로 강의를 듣다가 아이디어가 생기면 클릭하여 강의를 멈춘 후, 아이디어를 종합, 정리하여 메모를 할 수 있다. 그야말로 지식과 경험의 융합을 통한 창의성을 현실화시키기에 안성맞춤의 교육이다. 이것이 사이버대학의 최대의 장점이었다.

내가 지금 하고 있는 노인공동생활가정도 사회복지학 숙제를 하다가 생긴 아이디어다. 복지시설을 어떻게 하나 구상하면서 노인복지학 강의를 듣다가 순간 아이디어가 떠올라 교수의 강의를 클릭하고 아이디어를 적어 내려갔다. 이렇게 해서 지금 운영하고 있는 영파 실버홈 '사랑의 집'을 구체적으로 계획하고 설계할 수 있었다.

마침내 노인공동생활가정 '사랑의 집'을 개원하다

2009년 5월, 그토록 오랫동안 꿈꾸었던 요양 센터를 드디어 개원하게 되었다. 처음 설계했을 때는 호스피스 센터를 계획했으나 주민들의 반대로 노인공동생활양로시설로 바꾸었다. 우리의 두 번째 목표가 양로시설이었으니까 호스피스 대신 '노인요양시설'을 먼저 하기로 한 것이다. 65세 이상의 질병이 있는 노인 아홉 분을 돌보는 요양동과 건강한 노인들이 생활하는 생활동으로 운영하고 있다.

　나는 개원을 한 달 앞두고 그곳으로 거처를 옮겨 현재 노인들과 함께 생활하고 있다. 아침이면 자원 봉사 위촉의사인 서울의대 박재형 교수와 함께 회진을 하고 환자들과 이야기를 나눈다. 환자였던 분이 상태가 좋아지면 생활동으로 옮긴다.

　그러나 마을의 일부 주민들은 우리 센터가 여전히 혐오시설이라고 반대를 하고 나섰다.
　'혐오시설! 당장 물러가라!'
　거리에 주민들이 걸어놓은 현수막을 볼 때마다 안타까웠다.
　'사람이 산다는 게 뭔가.'
　사람이 태어나서 늙고 병들어 죽는 것은 누구나 겪어야 하는 삶의 과정이다.
　그들이 혐오하는 노인들도 모두 젊어서는 훌륭한 분들이었고, 반대하는 그들도 언젠가는 나이 들어가게 된다. 노인들도 삶의 즐거움과 기쁨을 누리면서 살 수 있어야 한다.
　나이 들어가는 것이 자연스러운 삶의 한 과정이므로 노인을 내 부모처럼 돌보는 생활 문화가 정착되었으면 좋겠다. 노인요양시설을 혐오시설로 여기는 이웃들의 오해가 하루 속히 풀려 상호 상조하는 따뜻한 관계가 되었으면 좋겠다.

소유가 행복이 아니다. 내 삶, 시간과 정성, 말을 나누고 이웃과 접촉하고 사는 것이 삶이다. 나는 우리 대한민국 국민이 이젠 어느 정도 먹고사는 게 해결되었으니 지금부터는 좀 여유를 가지고 자신이 가진 것을 이웃들과 나누며 살아야 할 때가 되었다고 생각한다.

할머니 찾아온 아이들, 뜰도 쓸고 풀도 뽑고

이제는 자녀들에게 '공부 잘해라'가 아니라 사람답게 잘 사는 법을 가르쳐야 한다. 진정한 공부라는 것은 사람다운 삶을 가르치는 것이다. 이는 실제 삶에서 보고 듣고 배우는 것이므로 먼저 가정에서 부모가 본을 보여주어야 한다.

어려서부터 부모가 아이들을 데리고 봉사활동을 하고 자기보다 어려움에 처한 사람들을 돌보고 보살피는 것을 생활화해야 한다. 이것이 '돌봄의 문화'를 정착시키는 길이다.

우리 요양 센터에 노부부가 와 계시는데 부인이 큰 수술 후 이곳에 와서 요양하며 남편이 부인을 간호하며 지내고 있다. 주말이면 먼 데서도 가족들과 친지들이 꼭 부모님을 뵈러 찾아왔다. 멀리 전라도에 있는 아들 내외도 아이들을 데리고 왔다가곤 한다. 중학생인 아이들은 부모님을 따라 할머니 할아버지를 뵈러 왔다가 이곳 청소도 하고 뜰도 쓸고 풀도 뽑아주고 간다. 나는 이 아이들을 볼 때마다 그 부모가 아이들에게 사람답게 잘 사는 것이 어떤 것인지, 정말 살아 있는 교육을 한다는 생각을 했다.

바로 이것이 인간다운 삶의 현장을 배우는 공부다. 만약 부모가 아이들을 데려오지 않았다면 이런 경험을 하지 못할 것이다. 가족과 부모가 살아 있다는 게 감사한 일이라는 것은 책으로 배울 수 있는 것이 아니다. 이런 교육은 어려서부터 가정에서 이루어져야 한다. 사람다운 삶이 어떤 것인지 뭔지 몸소 보여줘야 하는 것이다.

나는 노인들이 좋은 환경에서 노후를 즐기며 살 수 있도록 해주고 싶었다. 그래서 공기도 좋고, 야채나 토마토 등 웬만한 것들은 직접 농사지어서 먹을 수 있는 곳으로 장소를 정했다. 그러나 자연 환경은 좋은데 서울과 너무 떨어져 있다 보니 자원봉사자들이 오기가 힘들었다. 미처 그 생각을 하지 못한 것이다. 특히 문화생활을 할 수 없는 게 가장 불편했다.

자원봉사자가 오면 이야기도 해주고 산책도 하면서 우리 부모처럼 모시고 나들이를 하도록 해주고 싶었는데 이 점이 가장 안타깝다.

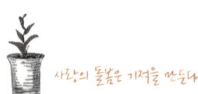

100불과 미리 받은 2년치 월급이 준 교훈

나눔과 돌봄이 바로 내가 행복해질 수 있는 길이다. 나 혼자 가지려고 하면 행복이 없어진다.

우리 집을 처음 찾는 이들은 가구가 대부분 중고품인 걸 알고 놀란다. 한겨울에도 우리 집의 실내온도는 18도를 넘지 않았다. 자주 듣는 질문 하나가 "과거에 고생을 많이 했으니 이제는 더욱 편하게 살고 싶다는 생각이 들지 않나요?"이다.

그러나 우리가 어렵게 살지 않았다면 지금 남을 도울 생각을 하지도 못했을 것이다. 대학 입학금이 없을 때 미국에서 벨로우 씨가 보내준 100불 덕에 대학에 들어갈 수 있었고, 대학에 들어가서도 교수님들이 아르바이트 자리를 마련해 주는 등 많은 도움을 주셨다. 그분들에겐 사소한 것일지 몰라도 나에겐 너무 큰 도움이었다.

결혼 후 시어머니 암 수술비로 빚을 많이 졌을 때, 우리 부부의 월급으로 고리사채 이자만 간신히 내고 원금은 갚지도 못한 채 돈만 고스란히 없어졌다. 다행히 내가 양호 교사를 하고 있던 서울 외국인학교 교장 선생님이 2년치 월급을 미리 주어 원금을 갚고 빚에서 해방될 수 있었다. 나는 그 고마움을 아직도 잊을 수 없다. 당시 그분들의 도움이 없었다면 빚에 쪼들리는 생활에 허덕여 공부는 꿈도 꾸지 못했을 것이고, 오늘의 나는 없었을 것이다.

　우리가 세상에 태어날 때 알몸과 빈손으로 왔다는 사실을 모르는 사람은 없다. 그러나 하나님께서 살아가는 데 필요한 모든 것을 우리에게 주신 것은 자기 혼자만 잘 살라고 주신 것이 아니라, 다른 사람들을 섬기는 일을 하기 위함이라는 확신을 갖는 것은 중요하다. 그래야 내가 가진 것을 나눌 수 있기 때문이다.

　주위를 둘러보면 내가 받았던 도움처럼 도와주면 일어설 수 있을 것 같은 사람들뿐이어서 돕지 않을 수가 없다. 그래서 다른 사람들이 돈을 빌려달라고 할 경우, 돈이 있다면 돌려받을 것을 생각하지 않고 빌려준다. 돈을 빌리는 사람은 얼마나 고민을 하고 도움을 청하겠는가!

　그래서 돈을 빌려줄 때는 갚을 수 있을 때 갚고 갚을 수 없으면 "다음에 돈 벌어서 다른 필요한 사람을 도와주세요."라고 한다.

　내가 받아보지 않았고 체험하지 않았으면 그렇게 살지 못했을 것이다.

절약한 것만큼 나누면 된다

　나는 결혼 후에 육교 위에 앉아서 구걸하던 앵벌이 때문에 남편

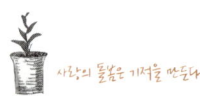

과 처음으로 다툰 적이 있었다. 아침에 출근하기 위해 육교를 건너가면 아이들이 구걸을 하고 있는 것이 보였다. 나는 아침에 집을 나설 때마다 구걸하는 사람들에게 줄 돈을 항상 챙겨가지고 다녔다. 보통 서너 사람 만나리라 생각하고 돈을 봉투에 넣었다가 길을 지나가면서 한 사람씩 주었다.

어느 날 남편이 "당신이 사회악을 조장한다는 사실을 아느냐?"며 야단을 쳤다. 내가 그들을 도와주는 것이 아니라 도리어 그들에게 구걸하는 습성을 키워주는 것이라고 했다. 뿐만 아니라 그늘진 조직을 통해 사회악을 키우는 장본인 역할을 한다는 것이다. 나는 "그 사람이 필요한 도움을 주는 것뿐이고 그 외의 일은 하나님이 하시는 일이다. 그러므로 어려운 처지에 놓인 이웃을 사랑하는 것"이라고 반박하며 "우리가 할 일은 필요한 도움을 주기만 하면 되는 것"이라고 했다. 그러자 남편도 내 말이 맞는 것 같다고 하더니 그 다음부터는 자신도 그렇게 하는 것이었다.

1966년, 결혼해서 얼마 되지 않아서였다. 결혼 후 전세를 얻기 위해 계약을 했는데 그만 사기를 당하고 말았다. 우리가 건네준 전세금을 받은 사람이 돈을 챙겨 도망가 버린 것이다. 수소문 끝에 간신히 그 사람의 집을 찾아가니 아홉 식구가 굶고 있어서 돈 받는 건 포기하고 말았다. 그때 함께 신앙생활을 하던 미군 장교가 우리가 집을 사고 싶은데 돈이 없다고 하자 무이자로 돈을 빌려주었다. 우리는 그 돈으로 연희동에 20평짜리 집을 살 수 있었다.

우리도 이렇게 도움을 받고 고맙게 생각했기 때문에 다른 사람을 도우려고 했고, 내가 도울 수 있는 한 남을 도와주었다. 어쩌다 돈을 안 갚는 사람이 있으면 내 수중을 떠난 돈이라고 생각했기 때문에 아깝다는 생각도 들지 않았다. 내게 도움을 받은 사람이 또 다른 사람에게 베푸는 경우가 많은데, 그들 역시 받았기 때문에 베풀 수 있다고 생각한다. 내가 쓸 것 다 쓰고는 남을 도와줄 것이 없다. 아껴 써야 나눠줄 수 있다.

남편은 내가 월급을 얼마 받는지 알지 못했다. 월급을 타면 며칠을 버티지 못하고 남들에게 다 줘버리니까 어느 날 남편이 "다른 사람이 필요한 것이면 다 갖다 주면서 왜 남편은 주지 않느냐?"고 묻기에 "남편도 필요한 사람이 있긴 한데 남편은 줄 수 있는 것이 아니니 어떡하지요?"라며 농담으로 받아넘긴 적도 있다.

시부모님, 시누이 셋, 시동생과 우리 네 식구 등 10식구가 한집에 살면서도 어려운 학생들을 도와주었는데, 그럼에도 항상 '흩어 구제하여도 더욱 부하게 되는 일이 있나니 과도히 아껴도 가난하게 될 뿐이니라(잠11:24)'의 성경 말씀대로 부족함 없이 하나님께서

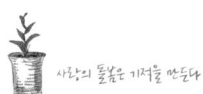

모든 것을 공급하고 채워주셨다.

남편이 고려대에 재직중일 때였다. 남편이 '남에게 대접을 받고자 하는 대로 너희도 남을 대접하라(눅6:31)'는 말씀을 묵상하다가 집에서 일하시는 아주머니 생각이 났다고 하며 자신이 직장에서 대우받듯이 가정부에게도 그렇게 대우하기로 결심했다고 했다. 그래서 학교에서 상여금, 수당, 자녀 교육비, 퇴직금 등을 받듯이 집에서 일하는 가정부에게도 똑같이 적용해서 드렸다.

내가 가진 게 많아야 나눌 수 있는 것이 아니다. 있는 그대로 나누는 것이 진정한 나눔이다. 모든 물건이나 돈은 내 손에 있을 때 내 소유라고 할 수 있다. 그러나 완전한 소유의 개념이 아니라 하나님께서 잘 쓰도록 나에게 위탁한 것이다. 내 것이지만 나를 위해 쓰라고 준 게 아니라고 생각한다. 그러므로 청지기 역할을 하며 관리를 잘 해야 한다. 함부로 쓰지 않고, 낭비하지 않고 정말 필요한 사람에게 나누는 것, 그것이 진정한 나눔이다.

아름답게 나이 들어가기 위해 필요한 것들

사람의 연령에는 자연연령, 건강연령, 정신연령, 영적연령 등이 있다고 한다. 영국의 노인 심리학자 브롬디는 인생의 4분의 1은 성장하면서 보내고, 나머지 4분의 3은 나이 들어가면서 보낸다고 하였다. 따라서 사람이 아름답게 나이 들어가는 이 기간의 삶을 어떻게 잘 살아야 할지 설계하고 준비하는 것은 너무나 소중한 일이다.

　노년을 아름답게 나이 들어가기 위해서는 일과 사람, 이 두 가지와의 관계가 중요하다. 나이가 들수록 자신이 해온 일, 그리고 지금 하는 일에 대한 열정을 잃지 않도록 해야 한다. 이 시기에서 일이란 물질적인 보상과 연계되지 않아도 좋다. 자신이 할 수 있고, 또 하고 싶은, 그러면서도 다른 사람에게 유익을 주는 의미나 보람을 느끼는 일이면 된다. 모세는 80세에 민족을 위해 새로운 의미를 부여받고 새로운 일을 향해 새출발을 하였다. 노년기에 자신이 하는 일에 열정을 가지고 임한 사람들이 역사에 남긴 위대한 업적들에 대한 이야기들을 우리는 잘 알고 있다.

　2006년, 그간 오랫동안 몸담았던 이화여대 정년퇴직을 앞둔 시점에 내가 한때 사회복지학을 공부했던 서울사이버대학으로부터 총장직 제의가 들어왔다. 나는 열정을 가지고 총장직을 수행했다. 유능한 교수진들을 확보하고 학생 수도 많이 늘리고 교육과학기술부 심사에서 최우수 평가를 받기도 했다. 이 일이 내게는 삶의

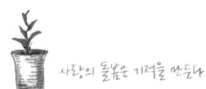

또 다른 기회이자 새로운 경험이었다. 만약 내가 서울사이버대학에서 공부하지 않았다면 이런 기회가 오지 않았을지도 모른다.

많은 사람들이 정년퇴직 후 이제는 연금을 받으며 편안하게 살면서 노후를 보내고 싶다고 말한다. 그러나 조금만 깊이 생각해보면 정년퇴직 후 앞으로 살아야 할 30년의 시간을 허송세월하며 살기에는 너무 길다는 사실을 절감하게 될 것이다.

정년퇴직 후에 '이제 나는 다 살았다. 남은 생애는 언제 죽을지 모르는 덤으로 주어졌을 뿐이다.'라는 생각으로 하루하루를 허송세월하며 희망이 없는 삶을 산다면 그건 이미 죽은 삶이나 마찬가지다. 소중한 인생을 무기력하게 낭비하면서 '지금 다른 무엇을 시작하기에 너무 늦었고, 늙었다.'고 생각하지 말고, 오히려 지금부터 어떻게 더 잘 살아갈 것인가를 고민해야 한다.

'웰 에이징'의 비법

노년을 아름답게 살아가는 비결 중 하나는 감사, 사랑, 용서(너그러움과 포용을 포함)로 이어지는 사람들과의 감동을 매일 매시 체험하는 것이다.

어느 책에선가 읽은 미국의 유명한 두 축구 선수의 삶이 생각난다. 이 두 사람은 젊은 시절 똑같이 일류 선수로서 아주 좋은 경기를 보여주었다. 자연히 그들의 이름은 각종 미디어 매체에 오르내리며 끊임없는 찬사를 받았다. 그러나 그들에게도 선수생활을 내려놓아야 할 때가 찾아왔다. 그들의 이름은 사람들의 뇌리에서 곧 잊혀졌다. 그러나 이 두 사람의 반응은 전혀 달랐다.

한 선수는 은퇴 후에도 모든 축구시합을 빼놓지 않고 보았으며, 그가 소속했던 축구팀을 수시로 방문해서 후배 선수들을 따뜻하게 격려해주며 그들의 발전을 위해 정성을 쏟고 도움의 손길을 아끼지 않았다. 축구에 대한 그의 태도는 더욱 자유로워져서 시합을 할 때 피할 수 없었던 질투심이나 경쟁심도 없어졌다. 자연히 그는 모든 선수들로부터 과거의 그의 전적에 대한 인정을 받게 되었으며 좋은 평판을 얻게 되었다. 그래서 그는 그 팀의 훈련자, 심판, 감독이 되었다.

그러나 다른 한 사람은 자신의 퇴직으로 너무 실망한 나머지 다시는 축구장에 발을 들여놓지 않음은 물론 그 팀을 찾아가지도 않았다.

"이제 더 이상 시합에 나가지도 못하고 경기를 할 수 없다는 것이 너무 괴로워. 나는 축구에 내 인생을 바쳤고 지금도 여전히 좋아하고 있어. 그런데 더 이상 경기를 뛸 수 없다니 너무 억울한 일이야."

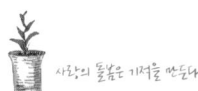

그는 자신의 신세를 한탄하며 비탄에 잠겼다. 생의 공허함과 사람들의 배은망덕에 대해 냉소적으로 되었다. 이제 그에게는 관심을 기울일 만한 일이 더 이상 없었다. 그의 황금시대는 그렇게 지나가버리고 말았다.

이 두 사람의 예를 보면서 퇴직 후 감사, 사랑, 포용과 너그러움으로 이어지는 감동을 체험하는 풍요로운 삶과 그렇지 못한 초라한 삶의 차이를 보게 된다.

아름답게 늙는다는 것은 자신에게 주어진 일을 감사하며 열정적으로 성실히 하는 것뿐 아니라 가장 풍요로운 인간관계를 갖는 것이다. 나에게 주어진 몸을 위시한 모든 것을 사용하지 않아 결과적으로 낡음으로 점철되는 여생이 아닌, 남을 위해 사는 새롭고 뜻있는 후반생이 되도록 끊임없이 배우며 살아야 되지 않을까?

인생의 주기로 보면 내리막길 같지만 천국을 향해 새 인생을 시작할 때다. well-being 인생은 well-aging 하다가 결국 well-dying으로 아름다운 마무리를 하기 때문이다.

Chapter 3...
웰빙, 웰에이징, 웰다잉

♥ 죽기 전 마지막 소원

환자가 편안하게 죽을 수 있도록 총체적으로 돌봐주는 것이 호스피스 케어다. 저자가 돌보던 호스피스 환자 중에 뇌암 말기 환자가 있었다. 그의 아버지는 술에 취해 매일 아들에게 욕을 퍼부었다. 그의 아버지는 엄마도 없이 혼자 키워놨더니 돈도 안 되는 미술사 공부를 하다가 암에 걸려 죽게 되었다고 죽으라는 것이었다. 밤낮 아들에게 저주를 퍼붓는 아버지와 하루라도 그 소리를 안 들으면 살 것 같다던 아들. 그 아들의 마지막 소원은 〈다잉 영〉이라는 영화를 보는 것이었다. 극장의 좌석은 모두 매진이었지만 저자는 매니저를 찾아 이 영화를 보는 것이 환자의 마지막 소원이라며 자리를 얻어냈다.

♥ 사람은 죽는 날까지 사랑을 원한다

영화를 보고 나온 환자는 무척 행복했다. 그날 밤 아들은 아버지에게 손을 내밀며 아들 노릇 못해서 미안하다고 했고 아버지는 아들을 끌어안았다. 아버지와 아들의 극적인 화해가 이루어졌고 아들은 사흘 뒤 편안히 죽음을 맞았다. 환자의 마지막 소원을 들어준 것은 진정한 '돌봄'이었고 이는 환자의 마지막을 지키는 간호사의 특권이기도 했다. 호스피스의 정신은 죽는 순간까지 사랑받으며 살아 있는 사람처럼 살다가 갈 수 있도록 해주는 것이다. 호스피스의 정신은 결국 사랑이다.

♥ 노후와 죽음을 준비하면 잘 살게 된다

호스피스란 임종자인 다른 사람을 돌보면서 결국은 봉사자인 자기 자신의 죽음을 준비하는 것이기도 하다. 호스피스를 하다 보면 '어떻게 살아야 하는가'를 배우게 되는 것이다. 또한 '어떻게 죽을 것인가' 뿐만 아니라 '어떻게 나이 들어 갈 것인가'를 생각하게 된다. 젊어서는 자신만을 위해서, 자기 가족을 위해 일하고 살았지만 노후에는 남을 위한 삶을 살아가는, 즉 잘 나이 들어서 가는 것이 곧 '웰 에이징'이다.

저자는 평소 퇴직하면 공동체 생활을 하고 싶어 했다. 사회가 점점 핵가족화되다 보니 노인들이 서로 도와가면서 지내는 시설이 필요하다는 생각을 오래 전부터 갖고 있었던 것. 2009년 5월, 그토록 오랫동안 꿈꾸었던 노인 돌봄 공동체인 '사랑의 집'을 드디어 개원하고 웰빙, 웰에이징, 웰다잉을 준비하도록 돕고 있다.

에.필.로.그

나는 다시 태어나도 간호사가 될 것이다

"안녕히 주무셨어요?"
"아직도 무릎이 많이 아프세요?"
아직 어둑어둑한 새벽 6시, 요양동의 각 방을 돌며 회진하는 것으로 나의 하루는 시작된다.
나는 아무리 바빠도 아침마다 각 방을 돌며 한 분 한 분을 일대일로 꼭 안아드리며 두 손을 맞잡고 대화를 나눈다. 자연스럽게 표정과 안색도 살핀다. 또 전날 무슨 일이 있었는지 여쭙기도 하고 식사상태도 점검한다. 비록 오랜 시간을 보내지 못해도 관심을 가지고 반갑게 대하며 알아봐 주면 어르신들은 좋아하신다.

노인들에게 식사는 너무나 중요한 건강요인이다. 물론 재료도 중요하지만 맛있게 만들어 각자의 입맛에 맞도록 해 드리는 것이 중

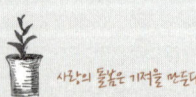

요하다. 어르신들은 아침 한 끼를 맛있게 드시면 하루가 행복하다. 90세의 성○○ 어르신은 6개월 전 이곳에 처음 오셨을 때만 해도 두 눈을 꼭 감은 상태에서 말씀도 못하셨다. 하지만 섭생을 잘 하신 결과, 지금은 눈을 뜨셔서 주위도 살피시고 간단한 말씀도 나누신다. 특히 이가 없어 고형식 음식을 잡술 수 없으니 세끼 식사는 물론이고 후식인 과일이나 떡과 고구마 같은 간식까지 모든 음식을 갈아서 반유동식으로 드린다. 요새는 식사시간에 다른 분들의 밥상에 찬들이 있는 것을 보시며 "나도 간 좀 줘!"라고 하셔서 우리들에게 웃음을 선사하시곤 한다.

식사가 끝나면 따스한 아침 햇살 아래서 음악을 들으며 봉사하시는 목사님의 구령에 맞추어 또는 노래를 부르며 앉은 채로 상반신

체조를 하신다. 숨쉬기부터 머리, 얼굴, 팔, 어깨 순으로 굽히기와 펴기를 반복하고 마사지나 신체의 각 부분을 돌아가며 제각기 따로 따로 운동을 시킨다. 아마 가장 많이 하는 운동은 손뼉을 마주치는 박수인데, 오장육부 인체의 각 영역을 간접적으로 자극하는 이 박수치기도 수십 가지의 다양한 종류들이 있다.

어떤 사람은 나에게 "사람을 돌보는 일이 이젠 싫증나거나 힘들지 않느냐?"고 묻는다. 그러나 나는 지금도 내가 사람을 돌보는 일을 한다는 것이 여전히 감사할 뿐이다.
나는 오래전부터 퇴직 후 호스피스나 양로원, 통합정신사회재활센터와 같은 돌봄 공동체를 만들어 사람들과 함께 서로 돌보며 사는 생각을 해 왔는데 지금 그 소망이 현실이 되어 그러한 삶을 누리며 살고 있다. 비록 살아갈 날이 살아온 날보다 훨씬 적게 남았지만 나는 삶이 허락하는 순간까지 사람을 사랑하며 돌보는 일을 하고 싶다. 어쩌면 사랑으로 사람을 돌보는 기쁨보다 더 큰 행복은 그리 흔하지 않을 것이다.

내가 만난 하나님은 돌보시는 분이시다. 주님이 나를 돌보셨듯이 나 역시 사람들을 돌보며 살고 싶다. 나에게 성공적인 삶이란 예수님처럼 돌보는 삶을 사는 것이다. 나는 죽는 날까지 그런 삶을

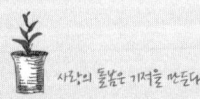

살아갈 것이다. 그리고 다시 태어나도 간호사가 될 것이다.

2010년이 저물어가는
경기도 양주의 '사랑의 집'에서 김수지

이 책이
돌보고 봉사하는 삶이 무엇인지 알고
다른 사람들을 진정으로 돕는 데
도움이 되길 바랍니다.

행복한 성공자를 위한 출판-
비전과 리더십